CHINESISCHE GARTENKUNST

CHINESISCHE GARTENKUNST

Text von
V. und Z. Hrdlička

Fotografien von
Z. Thoma und den Autoren

Dausien

Seite 1
1 Wen Zhengming: Brücke des Fliegenden Regenbogens, 1535, Garten des Bescheidenen Politikers in Suzhou.

Seite 2/3
2 Mittel- und Hauptteil des Gartens des Meisters der Fischernetze mit See, Suzhou.

Seite 4
3 Traditioneller Gartenhof.

Seite 5
4 Bewunderer blühender Pflaumenbäume, Holzschnitt, Qing-Dynastie. Manuale Jie zi yuan hua zhuan, 1679 – 1701.

5 Pavillon der Freude an Antiquitäten. Aus der Kollektion der Tusche-Tafeln aus Huizhou, Shi Gufeng.

CHINESISCHE GARTENKUNST

Text und Auswahl der künstlerischen Gegenstände von Zdeněk Hrdlička und Věnceslava Hrdličková
Deutsch von Alexander Richter
Fotografien von Zdeněk Thoma und den Autoren

VERLAG WERNER DAUSIEN •
HANAU / M
ISBN 3-7684-1730-1
3/99/85/52-01

6 Stickerei mit einem Gartenmotiv. Suzhou 1920.

INHALT

Prolog

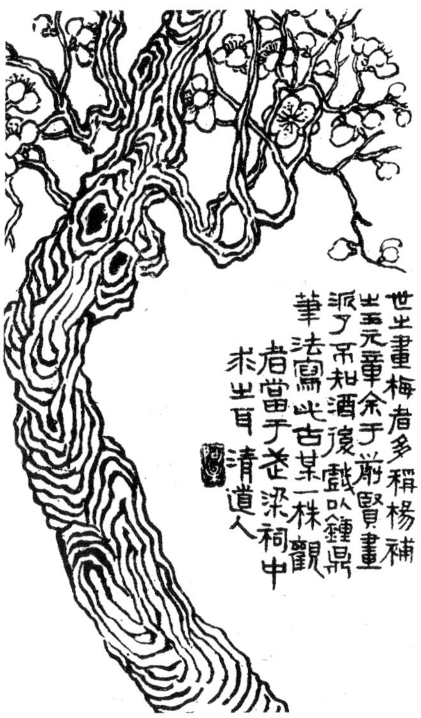

8 Alter Pflaumenbaum, Zeichnung eines Baumstammfragmentes. Malermanuale San xi tang hua bao, Beijing.

7 Jiashan, Felsenkomposition in einer Riesenschale, Suzhou.

Chinesische Gärten sind in der Geschichte der Weltkultur ebenso eine Einzelerscheinung wie die chinesische Poesie, Malerei, Kalligraphie, Medizin und weitere schöpferische Arbeitsgebiete, die mit dem täglichen Leben verbunden sind.

Auch wenn die Anfänge der Gärten bis in die ferne Vergangenheit zurückreichen, können doch die meisten von ihnen auch dem Menschen der modernen Welt vieles vermitteln, denn sie sind eine Synthese dessen, was die Beziehung des Menschen zur Natur ausmacht.

Die Chinesen nahmen immer an, daß der menschliche Geist seinen Idealzustand dann erreicht, wenn er mit einer Myriade kosmischer Vorgänge und Erscheinungen im Einklang steht. Eben dieses Hinzielen zur Harmonie, begründet vor allem durch das Gleichgewicht, ist die Basis der chinesischen Philosophie und Lebenskonzeption. Es ist charakteristisch, daß nach Meinung der alten Chinesen die wahrscheinliche ethymologische Quelle für das Zeichen he, die Harmonie, das Piktogramm für die dicke Suppe, zusammengesetzt aus verschiedenen Ingredienzen, ist. Ihre Zubereitung ist in einem chinesischen Werk aus der Mitte des 3. Jahrhunderts v. Chr. wie folgt beschrieben:

„Soll die Speise richtig gewürzt sein, muß man Reihenfolge und Dosierung des Süßen, Sauren, Herben, Beißenden und Gesalzenen einhalten. Die Kunst, diese Geschmacksrichtungen gut zu mischen, erfordert ein großes Feingefühl, denn jede für sich muß das behalten, was ihr eigen ist, ihren eigenen Beigeschmack. Wandlungen, zu denen es im Wok kommt, sind so delikat, daß man es mit Worten nicht erfassen kann..."

Dem geht eine komplizierte, ernsthaft geführte Zeremonie des Hackens und Schneidens ausgewählter örtlicher Zutaten voraus. Dann erst folgt das Kochen, bei dem sich alles vereinen muß, ohne daß es dabei seinen Charakter verliert. Eben darin liegt im wesentlichen auch das Geheimnis der Harmonie des Alls, die eine Zusammenfassung unzähliger Erscheinungen ist, die ihren Beigeschmack behalten.

Mit diesem Gleichnis aus der kulinarischen Welt ist alles ausgedrückt, was man über das Wesentlichste der chinesischen Gartenkunst wissen sollte, in der sich unter der Mitwirkung des Menschen und der Natur die Vielfalt und die

Einzelheiten durchdringen und ein harmonisch ausklingendes Ganzes bilden.

Die Gärten sind ein Kulturdokument, das viel über die chinesische Beziehung zur Welt und zum Leben aussagt. Sie haben einen philosophischen Inhalt, enthalten poetische und malerische Metaphern, in ihnen projizieren sich folkloristische Vorstellungen. Sie sind jedoch vor allem ein Bestandteil der Kunst des Lebens. Sie gewähren dem Menschen das, was er am meisten sucht – das Gleichgewicht des Geistes. Sie führen ihn zu den „Bergen und Flüssen" zurück, so wie es sich Generationen von chinesischen Intellektuellen wünschten.

Dieses Ideal war insoweit maßgebend, als es zum gemeinsamen Nenner der chinesischen Landschaftsmalerei und der Landschaftspoesie wurde. Unter diesem Einfluß entstanden Werke, die bis zum heutigen Tag ihre Gültigkeit und Wirksamkeit haben.

Chinesische Gärten sind eine Kleindarstellung des Universums, sie wurden durch Menschenhand geschaffen, als wenn sie eine „Schöpfung des Himmels" wären, der Natur selbst, denn ihre Schönheit war in China stets das höchste ästhetische Ideal. Die Gartenkunst, wie alle traditionellen Kunstbereiche, beruhte nicht auf mechanischer Nachahmung der Realität, sondern dem Erfassen der Vorgänge, der Verformung des Gesehenen durch subjektive Eindrücke und Gefühle. Deshalb wurde auch in China die Kreation der Gärten auf das gleiche Niveau wie Malkunst und Poesie gestellt.

Chinesische Gärten erfassen das Unendliche mit „weltlichen Mitteln", verbinden die Realität mit der Geistigkeit. Es besteht deshalb kein Zweifel darüber, daß sie eine universelle Bedeutung haben und die Träger einer wertvollen Kunde für alle diejenigen sind, für die der Gleichklang mit der Natur zum Lebensbedürfnis wurde.

9 Korridor im Garten. Tusche-Tafel, Shi Gufeng.

10 Li Gonglin: Winter. Aus dem Zyklus „Gärten in den vier Jahreszeiten", 11. Jahrhundert.

11 Garten des Klosters des Kühlenden Berges, zeitgenössische Webware von Suzhou.

12 Zeichenschrift auf Rollenbildern, die Hauptzierde der Studierstuben in Gärten.

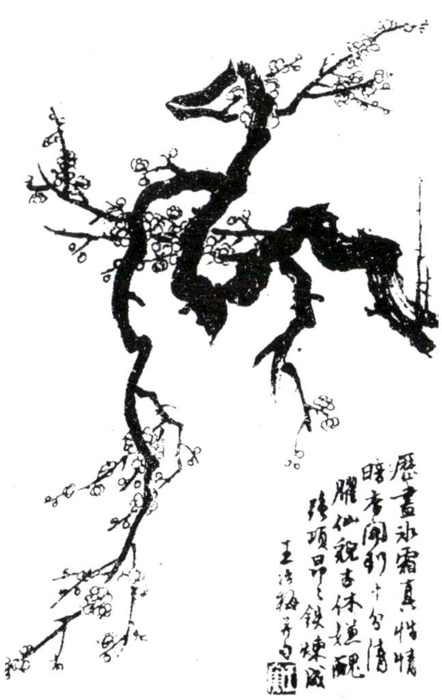

13 Pflaumenbaum, das Symbol des zeitigen Frühlings und der sittlichen Reinheit. Holzschnitt, Manual San xi tang hua bao.

14 Der Sonnenuntergang und das Profil der angehobenen Dachecken erhöhen den Zauber der Gartenarchitektur.

15 Li Keran, zeitgenössischer Maler: Der Dichter Tao Yuanming (4. Jh.) mit einer Chrysantheme in der Hand blickt zu den Südbergen.

Schon länger als ein Jahr war ich nicht in Suzhou, aber seine Gärten begleiten mich immer noch in meinen Träumen.

Chen Congzhou

Welt der Spiegelung

17 Yuan Mei, Dichter, Dramatiker und Gärtner, 18. Jahrhundert.

16 Pavillon und Steinkompositionen auf der Insel im See, Hangzhou.

Chinesische Gärten! Wer würde nicht dem Zauber dieser Enklaven der Ruhe, fernab vom Treiben auf den Straßen der Stadt, getrennt durch einen Damm hoher weißer Mauern, verfallen. Sie entstanden im Laufe der Jahrhunderte, und man bewahrte sie so, wie man sonst in der Welt Gemälde und seltene Skulpturen in Museen und Galerien verwahrt. Ihren Schöpfern gelang es, in der Zusammenarbeit mit der Natur Werke zu schaffen, die ein Ausdruck der chinesischen Beziehungen zum All und der Welt sind. Auf einer abgegrenzten Fläche, mehr oder weniger geräumig, wird mit sinnvollen und dabei einfachen Mitteln die Vielfalt des Naturgeschehens erfaßt, und mit realen Symbolen werden, ähnlich wie in der Malerei und Kalligraphie, abstrakte Gedanken ausgedrückt.

Gärten, die tief im Unterbewußtsein schlummernde Emotionen zum Leben erwecken, haben mit der Poesie viel gemeinsam. Anstelle von Worten wird hier jedoch mit fließendem Wasser gearbeitet, mit wachsenden Bäumen, dahinziehenden Wolken, mit Mondschein und seinem Abglanz, mit Wassertropfen und Vogelgesang.

Wie soll man zum Ursprung dieser Handlungen und ihrer rhythmischen Gesetzmäßigkeiten in einer so gedrängten Gartenformation vordringen, daß sie den Vierzeilern des genialen Wang Wei ([1]) oder Li Bai ([2]) ähneln, in denen mit der Leichtigkeit wehenden Windes alles ausgesprochen wird, was der Mensch zu wissen benötigt, um sich dem Geheimnis des Lebens zu nähern? Mit welchen Symbolen und Andeutungen sollte man diese Beziehungen ausdrücken, damit das Ergebnis nicht eine einfache Nachbildung der Natur wird, sondern eine Frucht der Kooperation des menschlichen schöpferischen Geistes mit ihr?

Mit ähnlichen Fragen befaßten sich Generationen von Chinesen, besonders die, die nach bitteren Erfahrungen im Staatsdienst aus der Umklammerung der bürokratischen Macht des zentral geführten Staates zu entkommen suchten und durch den Einfluß der daoistischen Philosophie und des Chan-Buddhismus begriffen, daß der einzige Weg zur Erlangung der Freiheit die Rückkehr zur Natur ist. Jene, die mit einem schöpferischen Geist begabt waren, bemühten sich, ihre Gefühle künstlerisch auszudrücken, mit einem Gedicht, in Form eines Bildes, einer Gartenszenerie oder einer Miniaturkomposition von Bergen und Gewässern in Schalen.

Jeder der erhalten gebliebenen Gärten ist die Verwirklichung der Sehnsucht gebildeter Männer, die Zuflucht suchten, um sich an der Natur in ihrer vollen Größe zu erfreuen, ohne die „Schwelle des Hauses überschreiten zu müssen". Es kam nicht darauf an, ob ihr Garten einige Hektar groß war, wie der größte Garten von Suzhou, der Garten des Bescheidenen Politikers, Zhuo zheng yuan, oder nur fünfzig Ar, wie der nicht weniger berühmte Garten des Meisters der Fischernetze, Wang shi yuan, oder sogar nur wie die Fläche einer Schale mit einer Miniaturszenerie der „Berge und Gewässer", wie man sie mit noch vielen anderen im Garten der Zehntausend Aussichten, Wan jing shan zhuang, auf dem Abhang des Tigerhügels in Suzhou sehen kann.

19 Ein Stein mit Kiefer in Schale. Garten am Tigerhügel, Suzhou.

18 Titelseite des Malermanuales, das von chinesischen und japanischen Gärtnern genutzt wurde, Jie zi yuan hua zhuan, Senfkorngarten, 1679.

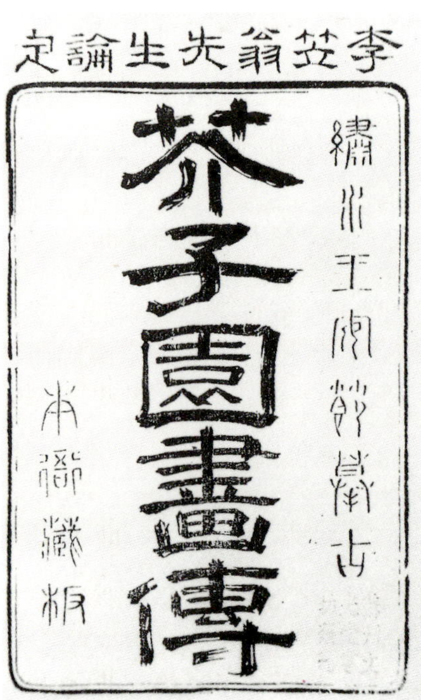

Je geringer der Raum war, um so ausgeprägter mußte die Kunst der Andeutung sein. Das Element Wasser konnte man ebenso mit einem See wie auch mit einem dünnen fließenden Bändchen ausdrücken; einen hohen, in Wolken gehüllten Berg mit einem Stein, dessen Form die Phantasie anregt und den menschlichen Geist bis zu den Gipfeln zum Himmel ragender Berge bringen kann. Eine einzige alte Kiefer ruft die Atmosphäre abgeschiedenen Daseins hervor.

Die uralte chinesische Theorie über das niemals endende Zusammenspiel antagonistischer, dabei jedoch schicksalhaft zueinander hinstrebender Elemente yin, das Prinzip der Weiblichkeit, Dunkelheit, Fügsamkeit, und yang, das Prinzip der Männlichkeit, des Lichtes und der Kraft, war bei der Kreation der Gärten ähnlich wie bei Tuschezeichnungen von Landschaften ein zuverlässiger Leitfaden, wie man die Symmetrie meiden kann, wie hell und dunkel kombiniert werden, Gerades mit Gekrümmtem, weich mit hart, wie man dem Garten einen Rhythmus geben soll, damit ein Landschaftsbild entsteht, übergeleitet von menschlicher Hand auf die Ebene der Kunst. Die

20 Formen von Fenstern und Sichtspalten in den Innenmauern der Gärten. Ji Cheng, Yuan ye, 17. Jahrhundert.

Ästheten nannten nicht umsonst die Lehre von yin und yang die „Drachenader" der Gartenkunst.

Wenn man die lange Geschichte der chinesischen Gärten verfolgt, begreift man, wie wichtig es für jeden ihrer Schöpfer war, sich einen solchen „Zufluchtsort der Stille" zu schaffen. Viele erwähnen es in ihren Tagebüchern, Essays und Gedichten. Der Garten wurde ihnen zum Trostspender, zur Quelle ersehnter Freuden und bedeutete für sie gewöhnlich auch den Beginn eines neuen Lebens. Deshalb mußte alles vorher peinlichst genau erwogen werden. Man sagt doch nicht umsonst, daß die Umgestaltung eines fehlerhaft angelegten Gartens schwieriger ist, als ein schlecht geschriebenes Gedicht zu korrigieren.

Entscheidende Bedeutung hatte das Grundstück, seine Größe, Lage,

21 Qi Baishi: Die Bauernhütte im Gebirge mit Andeutung eines Gartens bildet eine Atmosphäre der Ruhe und Sicherheit. Beijing, 1951.

22 Abend in den Gelben Bergen.

23 Die weiße Brücke mit einer Marmorbrüstung kontrastiert deutlich mit dem von Nadelbäumen umgebenen Pavillon, Luoyang. ▶

auch sein Relief. (3) Der Aufbau dauerte gewöhnlich vier bis fünf Jahre, manchmal angeblich volle zehntausend Tage, wie in einer Aufzeichnung angeführt wird. Es gab zwei Typen von Residenzgärten: kleine, zu Beobachtungen im Zustand der Ruhe bestimmt, jing guan, und größere für den Zustand der Bewegung, dong guan. Jeder Garten hatte seinen Prolog, sein Hauptthema, Übergänge zu nebensächlichen Episoden und seinen Abschluß.

Während in ferner Vergangenheit das Hauptgebäude als erstes gebaut wurde, begann man im Mittelalter zuerst mit der Anlage künstlicher Berge und Seen. Dann erst fing man an, die architektonischen Komponenten des Gartens zu realisieren. Zum Abschluß bemühte man sich um die Verteilung der Steine und um die Aussaat des Grüns. Der Höhepunkt des ganzen Vorhabens war die Wahl des Namens, der dem Garten seinen Sinn gab.

Der Name hatte gewöhnlich eine Beziehung zur Literatur und war der Extrakt von allem, was der Besitzer für seinen Garten fühlte, was er für ihn bedeutete.

Treten wir nun ein in die Gärten, versuchen wir in ihre Atmosphäre einzudringen und den Schlüssel zu allen Erlebnissen zu finden, die

24 Szenerie aus Nadel- und Laubbäumen sowie Felsen. Eine ideale Vorlage für Bergkompositionen in Gärten. Huangshan.

25 Landschaft, geeignet für eine Hütte mit Garten in freier Natur. Holzschnitt. Das Manuale San xi tang hua bao war die künstlerische Vorlage seit der Song-Dynastie bis in die erste Hälfte der Regierungszeit der Qing-Dynastie.

26 Mi Fei: Kiefern und Berge mit einem Pavillon im Frühling, 11. Jahrhundert, Gu gong, Beijing.

jahrhundertelang den Liebhabern der Gartenkunst geboten wurden und ihr Leben reicher und schöner machten.

Wir beginnen mit der Feststellung, daß Berge und Wasser unverzichtbare Komponenten der chinesischen Gärten sind.

Die Chinesen bewunderten stets die Berge und bestiegen sie, besonders im Herbst, wenn die Luft durchsichtig klar war, um sich an dem Rundblick über das umliegende Land zu erfreuen. In den Gärten wurden die Berge durch künstliche Hügel und ausgewählte Steine symbolisiert. Sie stellten jedoch nicht, bis auf einige Ausnahmen, konkrete Naturformationen dar, sondern bildeten auf der Grundlage der Erfahrungen von Malern und Gärtnern vieler Generationen eine Zusammenfassung ihrer allgemeinen Eigenschaften, ihrer „Hügeligkeit" und „Bergigkeit".

In Gebirgen sahen die Chinesen das Skelett der Welt. Sie verbanden sie mit dem Prinzip yang, Berge waren für sie der Ausdruck der Männlichkeit, des Erhabenen, der Dauer, und deshalb auch das Symbol eines langen Lebens. Ihre volle Mission jedoch erreichten sie in Verbindung mit Wasser, mit seiner Strömung, seinen dunklen Tiefen. Ohne Wasser verlieren die Berge ihre Größe und ohne Berge ähnelt das Wasser einem blinden Spiegel, einer Frau ohne Liebhaber.

In chinesischen Gärten werden die Berge sehr oft durch bizarre Steine aus dem südchinesischen See Taihu dargestellt, die abgespült durch sein Wasser und einst in der Vergangenheit auch durch Meereswogen zu phantastischen Gebilden geformt sind.

Den Steinen werden entsprechend ihren Formen verschiedene Eigenschaften zugeschrieben, wie z.B. Torheit, Hartnäckigkeit, Ernsthaftigkeit. Ihre Linien haben einen Rhythmus, ihre Oberfläche eine Glätte oder Rauheit, und sie haben unterschiedliche Farbtönungen. Diese unerreichbaren Steingestaltungen der Natur hatten in China viele Bewunderer.

Außer der solitären Nutzung bildete man aus dem Gestein auch Gruppen, die die Vorstellung von tiefen Gebirgen mit Höhlen und von plötzlich entdeckten, bisher nicht erforschten Gebieten hervorriefen.

Ein weiterer bedeutender Bestandteil der Gärten ist Wasser, das an erster Stelle der fünf chinesischen Elemente steht. [4] Das Wasser hat die Gartenschöpfer seit jeher fasziniert, weil es formlos ist und willig die Form der Ufer ein-

27 Pavillon mit doppeltem Dach, umgeben mit Steinkompositionen. Man kann ihn von der roten Brücke mit verzierter Holzbalustrade sehen. Löwenhain, Suzhou.

28 Zu Techniken, die den Anspruch der Gartenkompositionen erhöhen, gehört das Bewachsen der Mauern mit geeignetem Grün. Hangzhou.

29 Szenerie im Garten des Pavillons der Grünlichen Wellen, Cang lang ting, Suzhou.

30 Steinpfad im Garten Yi he yuan, Beijing.

nimmt, auch deshalb, weil es farblos ist und zum Spiegel des Firmaments, der Wolken und Bäume wird. Sein Fluß und die Windungen verleihen dem Garten Veränderlichkeit. Szenerien verbunden mit Wasser sind zum Verweilen bestimmt, zum Nachdenken, denn gerade in ihnen ist der sonst schwer erreichbare, in Chinas Gärten jedoch unerläßliche Zustand „Ruhe in der Bewegung" materialisiert.

Die Aufgabe der Flüsse, Bäche und Bächlein besteht in der Verbindung der Gartenecken, sie sind Träger der Bewegung und der Laute. Ihre unentbehrliche Eigenschaft ist es, daß sie sich winden und aus dem Schatten an sonnigen

Stellen auftauchen, an Stromschnellen schäumen und in Tümpeln still werden.

Echte Kleinodien chinesischer Gärten sind jedoch Wasserspiegel von Seen unterschiedlicher Größen und Formen. Sie tragen zu einer zarten grünroten Farbharmonie bei, die besonders für Südchina typisch ist. Die Seen sind langgestreckt, andere ergießen sich ovalförmig, als wenn sich die Arme öffnen. Ufer erinnern an das Sinnbild der Männlichkeit, die schlanken, graziösen Felsen dagegen, die sich im Wasser spiegeln, sind das Sinnbild weiblichen Zaubers.

Den Wasserspiegel einiger Seen teilen Steine und kleine Inseln

31 Gartenteehaus. Viele Gärten waren schon im Mittelalter an bestimmten Tagen der Öffentlichkeit zugänglich.

32 Der Wasserspiegel der meisten chinesischen Gartenseen ist teilweise mit Wasserpflanzen und Blüten bedeckt. Lotosblumen haben eine symbolische Bedeutung, und ihre Blätter werden wegen der „Musik der Regentropfen“, die auf sie fallen, geschätzt.

33 Die chinesischen Gartengestalter schätzen auch sehr alte, schief wachsende und manchmal sogar fallende Bäume, die eine gewisse Spannung und Dramatik in die Gartenkomposition bringen.

oder bedecken aus dem Schlamm wachsende, trotzdem durch Sauberkeit glänzende Lotosblumen. In chinesischen Gärten gehörte das Fischen zu den beliebten Vergnügungen. Deshalb gab es am Seeufer den „Fischerstein“. Das bedeutete jedoch nicht, daß der auf ihm Sitzende sich stets auf das Fischen konzentrierte. Viel öfter kam es vor, daß seine Gedanken „weit hinter den Horizont der Seen und Berge wanderten“.

Außer Steinen und Wasser sind die Pflanzen ein lebenspendendes

wirkt, auch wenn sie verhältnismäßig jung ist. Sie verleiht dem Garten Würde, symbolisiert Erhabenheit des Alters, Unabhängigkeit und Anmut des Lebens in der Abgeschiedenheit, was das Ideal gebildeter Chinesen war.

Aus chinesischer Sicht ist jeder Baum anziehend und hat eine Eigentümlichkeit, durch die er sich von anderen unterscheidet. So haben z.B. blühende Pflaumenbäume einen romantischen, mädchenhaften Liebreiz, und mit ihnen bepflanzte Hänge locken zu Spaziergängen, wobei sich die Kleiderärmel der Wanderer „mit dem Duft ihrer Blüten füllen". Eine Weide wiederum erinnert an eine schlanke und biegsame Schönheit. Ihre langen Äste „küssen die Wasserfläche des Sees".

34 Steine und Bambus in Schale. Westlicher Garten Xi yuan, Suzhou.

und ästhetisch wichtiges Element der chinesischen Gärten. Sie tragen durch ihren Habitus, ihr Wachstum, ihre Farben, Düfte und Symbolik zur Erfüllung ihres inneren Inhalts bei. Obwohl jedes Gras und jeder Strauch sorgfältig gehalten und geformt werden, erwecken sie den Eindruck, daß jeder auf seinem Platz ganz natürlich wächst, ohne daß ihn jemals eine menschliche Hand berührt hätte.

Bäume werden in allen Gärten gepflanzt. Auf kleineren Flächen bevorzugt man Laubarten, denn – chinesisch gesagt – sie „sind durchsichtiger" und nehmen weniger Platz ein, während die Koniferen für breitere, unseren Parkanlagen ähnelnde Flächen besonders gut geeignet sind. Trotzdem gibt es in China wohl keinen klassischen Garten, in dem die Kiefer mit ihrem gabelästigen Baumstamm, ihrer schuppiger Rinde und ihren eleganten Nadeln fehlen würde. Einer ihrer Vorteile ist es, daß sie betagt

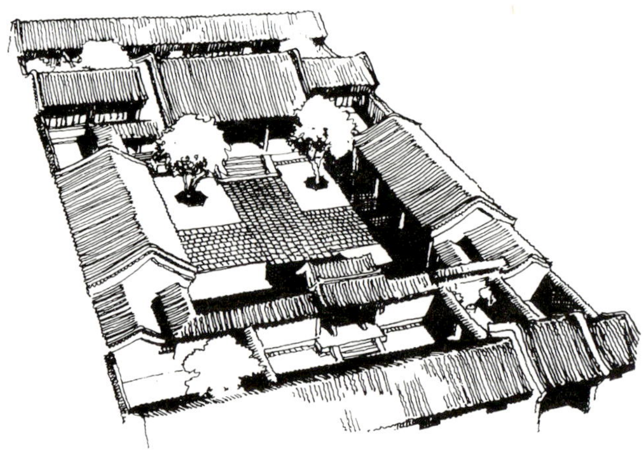

35 Traditionelles chinesisches Haus mit Hof, wo gewöhnlich Penjing und Miniaturszenerien in Schale gepflegt werden. Zeichnung, Tusche auf Papier.

36 Vogel mit Bambus. Stickerei auf Webware, zeitgenössisches Werk.

37 Die buddhistische Bezeichnung des Klosters im Westgarten ist „Kloster der Verbote und der Disziplin". Suzhou.

Unter den Gräsern nimmt Bambus die vorderste Stelle ein. Er ist der treffende Ausdruck des chinesischen Begriffs für Eleganz und Schönheit. Bereits in der Zeit der Song-Dynastie drückte es Su Shi (5) mit Worten aus, die niemals vergessen wurden: „Ohne Fleisch magert der Mensch ab, ohne Bambus verliert er seine Integrität." Und jeder, der das Land der Mitte eingehender kennengelernt hat, weiß, daß es wirklich so ist. Bambus ist das Symbol für festen Charakter, Bescheidenheit, Erfahrung und Mut. Man könnte über ihn bis ins Unendliche schreiben. Für die Chinesen ist er jedoch am schönsten, wenn seine schmalen, gebeugten Blätter der Schnee bedeckt.

Die Blumen bilden in den blaugrün getönten chinesischen Gärten Farbflecke. Am fröhlichsten wirken Pfingstrosen, die Königinnen der Blumen, die durch ihre vielen Blütenblätter Reichtum und Glück symbolisieren.

Die Gartenszenerien verbinden und teilen gleichzeitig Bauten aller Art ab – Pavillons, Hütten, Studierräume, überdachte Korridore, Pförtchen, Türen, Brücken, Mauern,

38 Keramische Gartenmöbel.

innere Mauern und Zäune. Die Bauten in den Gärten dienten dem Wohnen und auch den Vergnügungen. Die gebildeten Menschen, die Stadtbürger und selbst die Kaiser beschäftigten sich hier mit Musik, Kalligraphie und Malerei und spielten chinesisches Schach, wei qi [6], andere ausgewählte Plätze dienten dem Teetrinken und zu Meditationen.

Charakteristisch für die Gartenbauten ist, daß sie nach allen Seiten geöffnet sind und die umliegenden Szenerien zum Eintritt auffordern. So vereint sich alles, was wächst, mit dem, was der Mensch schuf und was sonst durch das Element der Unveränderlichkeit gekennzeichnet bliebe.

Sehr intime Plätze in den Gärten sind durch Steine ausgelegte und durch eine Mauer eingeschlossene Höfe. Inmitten des umliegenden Grüns wirken sie so, als ob sie ungewöhnlich tief wären, und die kleinsten von ihnen nennt man „himmlische Brunnen". Zu den interessantesten zählt der durch Kampferbäume beschattete Hof im Garten von Suzhou am Pavillon der Grünlichen Wellen, Cang lang ting. In den Höfen nutzt man sinnvoll die weißen Mauern, die entsprechend dem Ming-Gärtner Ji Cheng ein unbeschriebenes Blatt

39 Garten Liu yuan. Der Mittelteil des Gartens ist der Garten des Freien Umherschweifens, wie ihn der Kaiser Guang Xu im Jahre 1875 benannt hat. Der ursprüngliche Garten entstand im 16. Jahrhundert. Er besteht aus vier großen Szenerien. Sie sind durch einen 700 m langen Korridor verbunden. Dieser ermöglicht die Besichtigung der „Bergkomposition" und auch der „Täler", Seen und einsamen Winkel. Suzhou.

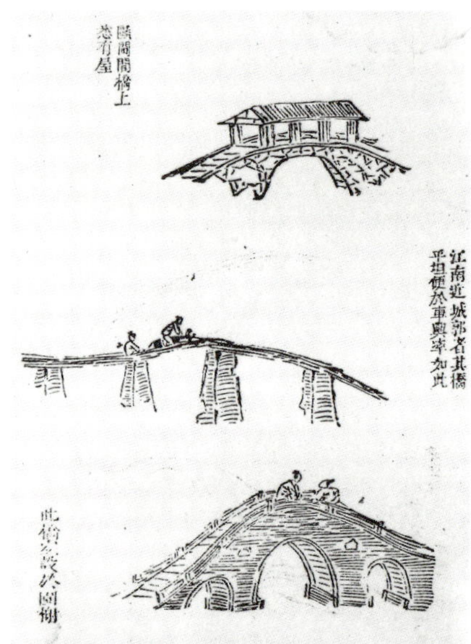

40 Verschiedene Typen von Brücken, Jie zi yuan hua zhuan, 1679.

41 Brücke und Weiden. Garten der Weiten Aussichten, Da guan yuan, Beijing.

sind, vorbereitet dazu, daß Bambus und Steingruppen auf ihnen ihre Schatten „malen".

Zwischen den Pavillons und den anderen Bauten winden sich mit Moos bewachsene oder mit Mosaiksteinchen gepflasterte Pfade. Sie werden durch überdachte Korridore unterbrochen und sind keine geradlinige Verbindung, vielmehr verfolgen sie die Linie „der Wolken und des Windes". Sie ermöglichen das Verweilen im Garten in der Mittagssonne und auch im Regen sowie die Besichtigung des Gartens durch mannigfaltig geformte und verzierte vergitterte Fenster wie durch ein Kaleidoskop. Zickzackförmige Pfade verlängern zwar den Weg, sie sind jedoch der Quell vieler Eindrücke, verleihen dem geringen Raum eine Tiefe, führen in die Abgeschiedenheit oder erwecken den Eindruck, nirgends zu enden. Nach chinesischer Ansicht sind sie den Menschen intim nah, auch deshalb, weil sie dem Lebensweg ähneln – denn auch dieser Weg ist niemals gerade, und das Ziel ist uns unbekannt.

Weiße Mauern der „ziehenden Wolken" mit welligem oberen Rand, gedeckt mit einem Preisendach, teilen den Garten, gleichzeitig jedoch verbinden sie die Teile mit Durchgängen. Diese „Tore" ohne Türen haben manchmal die Form eines Vollmondes, manchmal einer Vase oder Flasche. Damit richten sie die Aufmerksamkeit auf ausgewählte Plätze, rahmen sie ein, so daß sie als ein Bild im Gedächtnis haften bleiben, auf dem die Bambusblätter im Wind erschauern.

Flüsse passiert man über Brücken. Ihre praktische Mission wird immer durch einen Funken Phantasie und ein Gefühl dafür angeregt, was wohin am besten paßt. Felsige Talengen verbinden einfache Steinbrücken, während vom Ufer auf eine Insel eine anspruchsvollere Brücke führt, nicht selten durch Wände für Kletterpflanzen und Glyzinen abgeschattet.

42 Komposition aus Stein und Grün. Ausdruck der künstlerischen Umsetzung der freien natürlichen Szenerie, Garten Liu Yuan, Suzhou.

Die größte und mit äußersten Nuancen ausgearbeitete Kunst chinesischer Gärten ist ihre Komposition, die alle diese Elemente verbindet. Sie ist der Ausdruck der Beziehung des menschlichen Inneren zur Natur und gibt ihr den endgültigen Sinn. Die Kunst wird von solchen Grundsätzen geleitet, wie „zunächst die Szenerie verbergen und dann enthüllen", „Windungen und Unebenheiten bilden die Tiefe des Anblicks", „Interessante Dinge geben dem Garten Kontrastlinien" und vieles andere.

Auf der kleinen Fläche chinesischer Gärten zeigt sich die Kunst der ästhetischen Enthaltsamkeit.

43 Die Interieure wurden mit dem Garten durch mehrteilige Türen verbunden. Garten des Meisters der Fischernetze, Suzhou.

44 Li Gonglin: Herbst. Aus dem Zyklus „Gärten in den vier Jahreszeiten", 11. Jahrhundert.

Die einzelnen Elemente werden in Kombination mit anderen, oft scheinbar nicht homogenen Dingen zur Quelle neuer Eindrücke und Emotionen, und sie sind in der Hauptsache eine Konzentration von alledem, was man in freier Natur wahrnehmen kann.

Der Sinn so verbundener Gartenszenerien wird durch poetische

Bezeichnungen auf Holztafeln oder in Stein gemeißelt, durch Verse berühmter Dichter oder Zitate aus gefeierten Romanen, Dramen und Dedikationen potenziert. Das alles ruft eine Kette von Assoziationen hervor und bildet aus den Gärten Kulturwerke und damit auch eine einzigartige Erscheinung in der Gartenkunst der Welt.

Einen Teil der Atmosphäre der Gärten bilden auch Vorgänge und Veränderungen, z.B. durch die unsichtbare Kraft des Windes, das Spiel von Schatten und Abglanz, das Gemisch der Düfte, die Ruhe, bekräftigt durch Vogelgesang oder Zikaden, die Traurigkeit des Welkens, das Muster abgefallener Blütenblätter auf dem Wasser eines Sees.

Jede Jahreszeit bildet dann eine neue Kulisse für den Fluß der Ereignisse, der zum Horizont des Unendlichen steuert. Während Frühling und Sommer die Bewunderung des Aufblühens und des Reifens wecken, war der Herbst die Zeit, die den chinesischen Ästheten mit ihrem Geist der Beruhigung, beglückender Resignation und des Lobes der Einfachheit nahestand. Der Winter wurde mit Ruhe, Alter, dem Leben in der Abgeschiedenheit, das die letzten Chrysanthemen matt beleuchten, gleichgesetzt.

Die Grundsätze des Aufbaus chinesischer Gärten ermöglichen eine solche Vielfalt von Varianten, daß jede davon voller Überraschungen für den ist, der sie gerne auskosten möchte.

45 Plazierung eines Solitärsteins im Gartenhof, nach Feng Zhongping.

46 Pavillon mit blühenden Bäumen. Garten an der Pagode der Kleinen fliegenden Gans, Xian.

Der Besuch eines verlassenen Gartens
ist ein ebensolcher Genuß
wie das Lesen eines antiken Buches,
das unerwartet gefunden wurde.

Gong Zizheng, 18. Jahrhundert

QUELLEN DER ERKENNTNIS

Die Kunst chinesischer Gärten gehört zur ältesten in der Welt. Ihre Entwicklung ist das Epos von der Beziehung des Menschen zur Natur in einem ununterbrochenen Verlauf von drei Jahrtausenden. (1) Dieser Vorgang wickelt sich in einer Atmosphäre der Schönheit ab und bestätigt die Einheit der Welt des Menschen mit der Natur.

Der Weg zu den Anfängen chinesischer Gärten führt uns in die ferne

48 Naturdesigns auf Kacheln aus der Zeit der kriegführenden Staaten, 4. – 2. Jahrhundert v. Chr.

49 Garten Tao ran ting. Die zeitgenössische Malerei auf einem Gartenstein stellt Szenen aus der ältesten Geschichte Chinas dar. Beijing.

47 Garten am Tigerhügel, Suzhou.

50 Xu Yang: Leben und Arbeit in der Gartenstadt Suzhou. Detailzeichnung aus dem Bild „Glückliches Suzhou", 18. Jahrhundert.

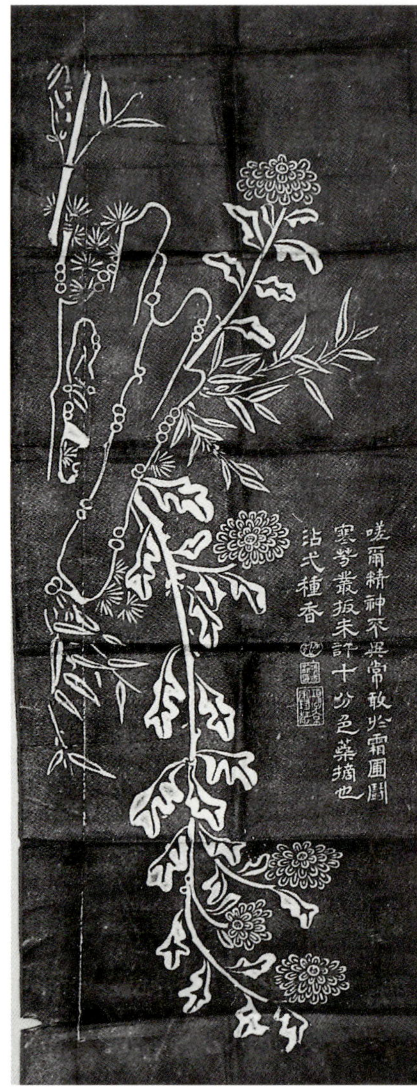

51 Die mittelalterliche Auffassung der Chrysantheme umfaßte Bewunderung für ihre Schönheit und für ihren Duft. Sie verkörperte den Spätherbst. Steinschnitt.

52 Bild, inspiriet durch das Gedicht Luo shen fu (Fu über die Flußgöttin Luo) von Cao Zhi (192 – 232). Die Geschichte spielte sich in freier Natur ab, teilweise gärtnerisch zurechtgemacht. Bäume und Steine bilden nur den Hintergrund, haben noch keinen eigenen ästhetischen oder philosophischen Sinn. 3. – 4. Jahrhundert.

Vergangenheit, aus der dank archäologischer Funde Bilder über das Leben der damaligen Gesellschaft auftauchen. Die großartigen Landschaften im unteren Stromgebiet des Gelben Flusses und des Flusses Wei, die die Urahnen der Chinesen besiedelt haben, und auch das hohe Niveau der gesellschaftlichen Entwicklung schufen günstige Bedingungen für das Entstehen der Gärten.

Die Anfänge fallen in die zweite Hälfte der Herrschaft der Shang-Dynastie (1600 – 1100 v. Chr.).

In Aufzeichnungen auf Schildkrötenpanzern und Knochen von Opfertieren aus dieser Zeit entdeckten die Wissenschaftler Piktogramme, die die Abgrenzung von Landflächen beinhalteten, die entweder als Weideland oder Land zur Züchtung von Nutzpflanzen, bu, oder zu Jagd- bzw. Fischereizwecken, you, dienten. Der Han-Historiker Sima Qian (ca. 140 – 190 v. Chr.) schrieb in seinen „Aufzeichnungen des Historikers Shiji" über das verschwenderische Leben des bekannten letzten unheilvollen Herrschers der Shang-Dynastie, Dizhou, der keinen Aufwand scheute, um seine Terrassen im Wildgehege in den

Sanddünen, Sha mou, zu erweitern, wo er den Teich mit Wein füllte und die Bäume mit Fleisch behängte und wo sich die Männer mit Frauen bis spät in die Nacht amüsierten. (2)

Die Angabe des Philosophen Mencius (378 – 288 v. Chr.), gibt darüber Auskunft, daß diese Wildparks sehr ausgedehnt waren, daß

Wen am Anblick der Fische und Vögel erfreuen konnte, die sich hier tummelten.

Die Lehmterrassen, die zur Kommunikation der Herrscher mit den Göttern bestimmt waren, hatten außerdem auch eine ästhetische Aufgabe, denn sie ermöglichten eine wunderbare Aussicht. Auch besaßen sie eine strategische Bedeu-

53 Miniaturszenerie in Schale im Stil „Wäldchen", Shanghai.

54 Alte Bäume schätzt man nicht nur aus ästhetischen Gründen, sondern auch deshalb, weil sie den Gedanken des langen Lebens ausdrücken. Gu gong, Beijing.

55 Gartentor mit Blumendekor. Garten des Bescheidenen Politikers, Suzhou.

der Park des Königs von Zhou, Wen, im 10. Jahrhundert v. Chr. unglaubliche 70 li maß, während der Garten des Königs Xuan, eines Zeitgenossen des Philosophen, fast um die Hälfte kleiner war. Und auch das erweckte schon den Unmut seiner Untergebenen. (3)

Es war eben dieser König Wen, der in seinem Wildgehege einen Platz aussuchte, wo er die Geheiligte Terrasse, Ling tai, erbauen ließ. Aus Liebe zu ihm schaffte es sein Volk, wie in einer Ode in Shi Jing (4) geschildert wird, an einem Tag die Terrasse zu errichten und außerdem den Geheiligten Teich, Ling zhou, auszuheben, so daß sich

tung, weil man von da die Bewegungen des sich näherndes Feindes verfolgen konnte. Terrassen sind bis zum heutigen Tag ein Bestandteil der Architektur in chinesischen Gärten.

Mencius, der beobachtete, wie die Herrscher ihre Mission erfüllten, bemerkte auch, daß einige so herablassend waren, Untergebenen immer zu gewisser Zeit den Eintritt ins Wildgehege zu gestatten, nicht damit sie sich an seiner Schönheit erfreuten, sondern um dort Holz zum Heizen zu sammeln und Kaninchen oder Fasane zu fangen.

Das Leben bedeutete für die Herrscher von Zhou jedoch nicht nur Vergnügen und Zerstreuung in ausgedehnten Wildgehegen, sondern auch Sorgen mit der Verwaltung des großen Reiches. Dieses zerfiel in der zweiten Hälfte ihrer Regierungszeit in eine Reihe von Staaten, die sich bekriegten. [5] Es war die Zeit nicht nur eines harten Kampfes um die Macht, sondern auch der geistigen Entwicklung in einzelnen Herrscherhäusern. Und eben dort keimten Impulse zur Entwicklung der Gartenkunst.

56 Wasserkomposition mit Quellen und einer Brücke, Wuhan.

Aus fragmentarischen Aufzeichnungen erfahren wir, daß Gärten besonders den Staat Wu (584 – 473 v. Chr.) im unteren Flußgebiet des Langen Flusses berühmt gemacht haben. Seine Herrscher gründeten die Hauptstadt an der Stelle, wo nun die durch ihre Gärten berühmte Stadt Suzhou liegt. Sie lebten dort mitten in einer herrlichen Seenlandschaft und hatten in den Bergen weitläufige Wildgehege, wo sie den heißen Sommer zubrachten, sich der Jagd und der Zucht seltener Pflanzen und Bäume widmeten. Es ist bekannt, daß einer der Herrscher dieses Staates, Fuchai, die Terrasse der Schönheiten, Gusu tai, errichtet hat, wo es die Himmelsbrücke und den Palast des Nebligen Frühlings gab. Am bekanntesten wurde jedoch der überdachte Korridor mit Tonkrügen unter der Holzdiele. Diese waren in besonderer Weise aufgestellt: Wenn die beliebte Mätresse des Königs, Xi Shi, hier mit ihren Hofdamen wandelte, erklangen unter der

57 Brücken in der Stadt Suzhou. Die Brücken waren aus verschiedenem Material. Zeitgenössische Zeichnung.

Berührung ihrer Schuhchen Töne, die dem Xylophonspiel ähnelten und sich mit dem Klang ihrer Juwelen und Anhänger vermischten. Den Ort besuchte im 9. Jahrhundert der Tang-Dichter Bai Juyi. Er fand hier jedoch nur noch „Wucherpflanzen und Unkraut, über denen seit Jahrhunderten stets der gleiche Mond aufging wie in der Zeit des vergangenen Ruhmes", wie er nostalgisch in einem seiner Gedichte bemerkte. [6]

Auch der Staat Chu im Tal des Langen Flusses im südlichsten Teil des damaligen China, wo sich die unabhängige örtliche Kultur mit der

58 Bai Xueshi, zeitgenössischer Maler: „Tausende Berge bei Guilin"; Vorlage zur Komposition aus Steinen in Szenerien in Schalen.

nördlichen Zivilisation vereinte, bot ideale Bedingungen für das Entstehen von Gärten. Als Reiseführer durch die hiesige wirkliche und auch imaginäre Gegend gilt die Sammlung von Gedichten, „Lieder des Staates Chu", Chu ci [7], die dem Dichter Qu Yuan (340 ? – 278 v. Chr.) zugeschrieben wird. Sie sind beseelt von Phantasie, Spontaneität, Reichtum der Gefühle und Beschreibungen. Die meisten Darstellungen, die sich auf Gärten beziehen, enthält das Gedicht „Herbeirufen der Seele", Zhao hun, in dem ein Schamane die Seele des sterbenden Königs zur Rückkehr durch Beschreibung der Schönheit des Lebens auf dieser Welt lockt. Zu ihr gehört auch das Verweilen im Garten mit Terrassen und Ausblick auf Berge, mit kühlenden Korridoren, sich windenden Bächen, Balkons, Seen mit Lotos, der gerade blüht, mit wohlriechenden Orchideen und Zäunen aus blühendem Eibisch. Des Dichters Worte drücken eine Atmosphäre voller Gefühle aus, deren Widerhall viele Jahrhunderte später in den Gärten der Literaten zu hören ist.

Der Staat Chu ging tragisch gegen Ende der Zhou-Dynastie ein. Die Vereinigung Chinas unter der Herrschaft des ersten Kaisers der Qin-Dynastie, Qin Shi Huang (221 bis 206 v. Chr.) wurde von zielstrebigen Bemühungen geleitet, das ganze Land durch eine geregelte Einheit zu beherrschen, die unter dem Einfluß der Legistenschule [8] die effektvollste Einwirkung der zentralen Macht ermöglicht. Der erste Kaiser ließ die Herrschersitze der besiegten Staaten vernichten und ordnete an, daß sie nur in der Hauptstadt wohnen sollten. Er selbst gab sich leidenschaftlich der Gründung von Palästen und Gärten hin, erweiterte das ausgedehnte Wildgehege Shanglin im Geiste des Gedankens, daß ein Garten der Mikrokosmos des Reiches ist, und sammelte hier seltene Fauna und Flora aus dem ganzen Land.

Seine innere Spaltung, Angst vor dem Tod und die Sehnsucht nach Unsterblichkeit, inspiriert durch den Daoismus [9], der in dieser Zeit religiöse Züge annahm, trieben ihn dazu, Villen und Paläste mit einem Prunk zu bauen, würdig derer, die „unsterblich" wurden und auf ideal schönen Inseln oder Bergen leben durften. Gegen Ende seines Lebens begann er mit dem Bau des aufwendigen Palastes Afang an einer Stelle, an der „ein Berg emporragte und ein Fluß dahinströmte", was ja unentbehrliche Elemente eines Gartens waren. Dieser Wohnsitz, wie ihn der Han-Historiker Sima Qian beschrieb, bestand aus einer Reihe von Häusern, verbunden mit überdachten Korridoren, durch die sich der Monarch, den Unsterblichen ähnelnd, von Ort zu Ort bewegen konnte, ohne daß er gesehen wurde. Seine Sehnsucht nach ewigem Leben ist jedoch nicht in

59 Ein Bild von Bergen aus Marmor. Das Motiv der Berge und Gewässer überwiegt auch in allen ergänzenden künstlerischen Bereichen, die mit der Gartengestaltung verbunden sind. Garten des Meisters der Fischernetze, Suzhou.

60 Bergspitzen bleiben stets eine Inspiration für die Schöpfer der chinesischen Gärten.

Erfüllung gegangen. Der Tod erreichte ihn früher, als er die aufwendigen Bauten beenden konnte.

Mit der Regierungsübernahme der Han-Dynastie (206 v. Chr. bis 220 n. Chr.) erreichte das chinesische Altertum seinen Gipfel und mit ihm auch der Zeitraum ältester Entwicklung chinesischer Gärten. Es wurde zur Gewohnheit für die Han-Kaiser, die das große Reich mit Beamten regierten, ausgewählt auf der Grundlage staatlicher Prüfungen, große Parks anzulegen oder erhaltene zu vervollkommnen. Der bekannteste war eben der Wildpark von Shanglin aus der Qin-Zeit. Der Kaiser Wudi (140 bis 86 v. Chr.) hat ihn so erweitert, daß er dem Stil seiner Herrschaft entsprach. Er nahm die Fläche von 20 km^2 ein, hatte 12 innere und 36 äußere Tore. Im Park standen 12 große Villen und 35 Tempel.

Der Han-Dichter Sima Xiangru (179 – 117 v. Chr.) beschrieb den Wildpark in einem langen Gedicht. In einer Kaskade von Wort und Bild, die zweifelsohne oft eher Früchte seiner Phantasie waren, als daß sie ganz der Wirklichkeit entsprochen hätten, beschrieb er die Schönheit dieses Parks, den acht Flüsse mit so mächtigen Stromschnellen kreuzten, daß sie einen Schaum abgaben, der Wolken ähnlich sah. In den Gewässern wimmelte es von Fischen. Auch Wildenten und Gänse schwammen auf ihnen. An den Ufern ragten Berge mit riesigen Bäumen empor. „Als die Flüsse ihrem Ziel näherkamen, wurde ihr Strom ruhiger, bis er einer festlichen, langsam sich bewegenden Prozession ähnelte. Teppiche von Blumen, die sich im Winde bewegten, blendeten mit ihren Farben. Überall befand sich eine große Menge Wild." Die Gartengebäude mit Veranden und langen Korridoren, die nicht an einem Tag zu bewältigen waren, dienten den erhabenen Gästen als Zufluchtsort. Es wuchsen hier Zier- und Obstbäume, glänzten teure Steine. Jede Jagd des Kaisers war ein einzigartiges Erlebnis. ([10])

Während der langen Regierungszeit der Han-Dynastie wurden die daoistischen Vorstellungen über die Inseln der Unsterblichen mit den drei geheiligten Bergen Penglai, Fangchang und Jingzhou zu einem bedeutenden Bestandteil der Kaiser-

61 Ma Yuan: Berggipfel. Beliebte Vorlage für Gartenkompositionen mit Steinen, 12. – 13. Jahrhundert, Gu gong, Beijing.

62 Philosoph Konfuzius, 6. – 5. Jahrhundert v. Chr., Steindruck.

gärten. Die Kaiser nahmen an, daß die märchenhaften Darstellungen in den Gärten die fliegenden Unsterblichen anlocken und sie von ihnen erfahren, wie man das Lebenselixier erwerben kann. Der Gedanke an die Unsterblichkeit, der bereits den ersten Kaiser des vereinigten China, Qin Shi Huang, faszinierte, wurde in der Han-Dynastie und auch im Verlauf weiterer Jahrhunderte ein bedeutender Bestandteil der Kunst chinesischer Gärten.

Aus der Han-Zeit erhielt sich auch die Beschreibung eines privaten Gartens im Goldenen Tal bei Luoyang ([11]), der dem reichen Yuan Guanghan gehörte. Ein Bach mit künstlichen Stromschnellen durchfloß ihn. Es gab hier Berge, durch große Felsbrocken dargestellt, und zahlreiche Pavillons, weiße Papageien und seltene Tiere.

Nach dem Dekor an den von Archäologen entdeckten Ziegeln kann man sich vorstellen, wie die einfachen, ans Haus angrenzenden Gärten aussahen. Sie waren mit Bäumen und Blumen verziert. Es gab dort auch einen Raum für seltene Vögel und verschiedene andere Tiere. ([12])

Die Entwicklung der Gartenkunst trug dazu bei, daß die Chinesen zur damaligen Zeit bedeutende botanische Kenntnisse besaßen. Das Wahrnehmen der Natur wurde ein Bestandteil ihrer Bildung. Auch Konfuzius (551 – 479 v. Chr.) hat in den Gesprächen, Lunyu, die ihm zugeschrieben werden, seinen Schülern das Studium des Buches der Lieder, Shi Jing, empfohlen, unter anderem auch deshalb, weil man darin Namen von Vögeln, Tieren und Pflanzen kennenlernen konnte. Die Chinesen widmeten im Geist dieses Vermächtnisses, aber auch aus praktischen Gründen bereits seit ältester Zeit dem Sammeln von Heilpflanzen große Beachtung. ([13])

In den Han-Gärten stand bereits die ästhetische Komponente stark im Vordergrund, ausgedrückt besonders durch Gartenbauten und ihre Rolle im Gartenareal. Ein wichtiger Entwicklungsschub bestand auch darin, daß manchmal lebende Tiere die Metallstatuen ersetzten.

Die handwerkliche Gartenarbeit entwickelte sich, das Lagern der Steine, das Ausheben der Seen und der Bau künstlicher Berge vervollkommneten sich. Man schaffte Grundlagen für das Entstehen neuer Gartengenres.

63 Lautenkonzert im Garten; Buddhistische Evokation, westliche Jin-Dynastie (266 – 316); Freske.

An solcher Stelle führt der Weg
durch ein Bambusdickicht ins Unbekannte ...
zu ihren Füßen häufen sich Wolken und Berggipfel,
und der Mond ist greifbar nah.

Ji Cheng, 17. Jahrhundert

Mit dem Wind ziehen

Die Natur war den Chinesen nicht nur eine Kulisse, hinter der sich ihr Leben abspielte, sondern beide Sphären, die natürliche und die menschliche, bildeten für sie ein unteilbares Ganzes.

Dieser Zugang zur Welt hat einen Anfang in der frühesten chinesischen Kosmologie und Kosmogonie und wurde in Kommentaren des „Buches der Wandlungen von Yi Jing" ([1]) zusammengefaßt, wo die Schöpfung wie folgt charakterisiert wird: „Es gibt yin und yang, und das nennt man dao." Yin symbolisiert die Finsternis, die Erde und die Weiblichkeit, während yang das Licht, das Firmament und die Männlichkeit bedeuten. Beide Prinzipien befinden sich in ständiger Interaktion und sind Hauptträger der Aktion. Im Buch der Wandlungen, wo yin – graphisch dargestellt – kun genannt wird und yang – ebenso dargestellt – qian,

65 Der Dichter Tao Yuanming (365 bis 427), der nicht nur die Beziehung der chinesischen Literaten zur Natur wesentlich beeinflußte, sondern sie auch zu einem unabhängigen Leben in Hütten und Gärten anregte.

66 Klöster wurden hoch in den Bergen gebaut. Die freie Natur wurde in ihrer Umgebung gärtnerisch gestaltet. Huangshan.

64 Steinszenerie, die das Ufer eines Gebirgssees darstellt. Löwenhain, Suzhou.

Es ist ersichtlich, daß hier alle Dinge ihre Ordnung haben, die von der Natur abgeleitet wird. Von dieser Beobachtung gingen auch die Daoisten in ihren philosophischen Betrachtungen über Wesen und Gang der Welt aus, wie es sich im ältesten erhaltenen Text Dao de jing widerspiegelt, der dem Philosophen Lao Zi (2) zugeschrieben wird. Seinen Ansichten entsprechend ist die Universalkraft des Kosmos dao – eine nicht definierte Ursubstanz des Alls, sein Uranlaß. Sie ist unbenannt, ewig, spontan, undurchdringlich, und ihre Bewegungsrichtung ist wiederkehrend – alles muß in den Schoß zurückkehren, aus dem es entstand.

Daoistisches Ideal, das auch ein weiterer Denker, Zhuang Zi, aussprach, ist „die Fülle der Ruhe anstreben", das heißt, in engem Einklang mit der Natur zu leben, mit dem All, sich mit dem Rhythmus der Naturkräfte zu identifizieren und so zum Teilnehmer des Kreislaufes der Natur zu werden.

Diese Gedanken fielen auf fruchtbaren Boden in der fast vier Jahrhunderte dauernden Periode des Landesverfalls nach der Herrschaft der Han-Dynastie, vom Anfang des

67 Hölzerne Bogenbrücke mit Weiden. Die Brücken bilden oft Bögen, damit unter ihnen die Schiffe durchfahren können.

68 Große und kleine Fische tragen zur Dynamik des Gartenmilieus bei. Ihr gelegentliches Plätschern betont die Ruhe des Gartens.

wird die gegenseitige Aktivität durch ein treffendes Gleichnis ausgedrückt: „Das Schließen einer Tür ist kun (yin), das Öffnen ist qian (yang). Das Öffnen, das dem Schließen folgt, wird als Veränderung bezeichnet. Den ständigen Wechsel dieser Zustände von einem zum anderen nannte man den Gang der Dinge."

69 Zielgerichtete Anordnung großer und kleiner Ufersteine. Zusammen mit dem Grün vermitteln sie meisterliches Können und Eleganz. Garten des Meisters der Fischernetze, Suzhou.

70 Lotosblüten und weitere Wasserpflanzen waren die Zierde der meisten kleinen chinesischen Gartenseen.

3. bis ins 6. Jahrhundert. ([3]) Auf dem Gebiet der Kultur hatte sie umwälzende Bedeutung für die Formung der emotionalen Bindung der Dichter, Maler und Gartenkünstler zur Natur, zu ihrer Wahrnehmung und künstlerischen Gestaltung, auch für das Aufkommen ästhetischer Ansichten, durch den Daoismus beeinflußt. Dieser richte-

71 Begegnung am Orchideenpavillon; Songsche Auffassung.

72 Qi Baishi: Pfirsiche der Unsterblichkeit, 1952. Die Pfirsiche waren das Symbol eines langen Lebens. In den meisten Gärten findet man mindestens einen oder mehrere Pfirsichbäume.

te sich in jener Zeit immer mehr, gemeinsam mit dem schnell aufkommenden Buddhismus, auf das Erkennen des Irrealen und des Mystischen.

Besonders unter Gebildeten kam es zu Veränderungen, die man als „psychologischen Umsturz" bezeichnen könnte. [4] Diese Menschen durchlebten Gefühle der Skepsis und des Argwohns zur existierenden Ordnung der Gesellschaft und damit auch zum Konfuzianismus, der in der Han-Zeit zur Staatsdoktrin wurde. Gegenüber einer labilen Beamtenkarriere gaben sie dem „Rückzug in den Schatten", dem Leben ohne Konventionen, nach eigenen Vorstellungen den Vorrang. Sie zogen durchs Land, schlossen Freundschaft mit „Kiefern und Zypressen", trafen sich an schönen Orten zu Gesprächen, wo sie ihre Beziehung zum Leben ausdrückten, und schufen sich ihre individuelle „Zone der Freiheit".

Das Zusammentreffen geistig verwandter Freunde schilderte der Kalligraph und Dichter Wang Xizhi (321 – 379) in einem seiner Gedichte. Das geschah im 3. Monat des Jahres 353 unweit des heutigen Shaoxing in Südchina [5], im Garten in freier Natur am Orchideenpavillon, Lan ting. Wangs Gäste, es waren einundvierzig, nahmen zu beiden Seiten des sich windenden Baches, auf dem auf Lotosblättern Weinkelche schwammen, Platz. Sie wetteiferten im Verfassen von Versen. Unter ihnen waren Kalligraphen, Philosophen, Dichter, Politiker und Garteninhaber, also Menschen, die zur damaligen geistigen Elite zählten. [6] Betrachtungen über Kunst und Sinn des Seins waren unentbehrliche Teile ihres Denkens. Das Treffen am Orchideenpavillon war also nicht einer der üblichen Frühlingsausflüge, sondern drückte die damalige geistige Atmosphäre aus und ermöglichte den Austausch von Ansichten.

Die Rückkehr zur Natur wurde zum Teil des Lebensstils, feng liu (wörtlich: Mit dem Wind ziehen), dieser Gebildeten. Er brachte ihnen in schweren Zeiten Erleichterung und seelisches Gleichgewicht und gab auf ganz neue Art und konventionslos ihrem Schaffen Sinn.

Einer der ersten, der in der Mitte des 3. Jahrhunderts zu einer solchen Lebensart im Stil feng liu Impulse gab, war anscheinend der

73 Vergnügen in Gärten. Holzschnitt, 18. Jahrhundert.

74 Lampions waren stets ein wichtiger Bestandteil von Familien- und anderen Festlichkeiten in den Gärten.

77 Ein Chrysanthemenzaun nach dem Muster des Dichters Tao Yuanming war häufig Bestandteil chinesischer Gärten. Manuale Jie zi yuan hua zhuan.

Gebildete Yuan Qi. (7) Er war dadurch bekannt, daß er keine Kappe trug, auf dem Fußboden schlief und seinen Freunden riet, „den Literatenrock abzustreifen und barfuß zu laufen". Das alles geschah in schockierendem Zwiespalt mit der konfuzianischen Ethik und der eingebürgerten Vorstellung über

75 Korridore ermöglichen eine Aussicht auf bedeutsame Gartenteile oder Seen. Chengde.

76 Gedeckter Korridor im Garten der Weiten Aussichten, Da guan yuan, Beijing.

den „vollkommenen Mann", junzi, der durch seine Intelligenz und durch Einhalten der gesellschaftlichen Konventionen allen als Vorbild dienen sollte.

Den Gedanken einer unteilbaren Einheit der Gesamtheit drückte un-

78 Lachender Buddha, Berg und Kloster Feilai, Hangzhou.

79 Stilisierter Baum. Zierende Plastik an der Wand der Pagode Wudai, Beijing.

80 Großer Buddha, Höhe 71 m, Leshan-Gebirge. Diese Statuen zeigten besonders unter den Tangs den wachsenden buddhistischen Einfluß.

konform, jedoch zutreffend der Dichter Liu Ling aus, einer der sieben Weisen aus dem Bambushain. Als ihn seine Freunde in seiner Hütte besuchten und fragten, warum er nackt dasitze, antwortete er ihnen lächelnd: „Die ganze Welt ist mein Zuhause, meine Hütte ist meine Kleidung. Wenn es Euch nicht gefällt, warum kommt ihr dann her? Ihr kriecht mir ja eigentlich in die Hosen ..." (8)

Ein weniger exzentrischer, dafür jedoch immer noch als Muster des idealen Lebens in China verehrter Mann ist der hervorragende Dichter Tao Qian (bekannt auch als Tao Yuanming, 365 – 427). Seine Poesie ist dem Song-Philosophen Zhu

Xi (1130 – 1200) entsprechend „voll Ruhe und Ausgeglichenheit wie die Natur". Tao Qian gab die Laufbahn eines kaiserlichen Beamten auf und kehrte zu „Garten und Feldern" zurück. Seine Unlust über das Beamtenleben drückte er mit folgenden Worten aus: „Meine einzige Liebe waren immer Berge und Hügel, nur gegen meinen eigenen Willen verfing ich mich im Netz des weltlichen Staubes". (9) Seine Lebensphilosophie drückte er in der Prosa „Herr von den Fünf Palmweiden" aus, die gleichzeitig sein Selbstporträt ist. Er schreibt darin: „...Der Herr von den Fünf Palmweiden war still und schweigsam und sehnte sich weder nach Reichtum noch nach Ruhm ...Gekleidet in eine kurze, ganz zerrissene Jacke, mit leerem Reisnapf in der Hand fühlte er sich vollkommen glücklich." (10)

In seiner zweiten Prosa, „Quelle der Pfirsichblüten", Taohua yuanji, schuf er eine dichterische Vision der idealen Welt, in der die Menschen in gegenseitiger Übereinstimmung ohne Dynastien und Herrscher leben.

In der damaligen unruhigen Zeit gab es nicht wenige, die schöne Stellen in der Natur aufsuchten, um dort eine einfache Überdachung zu bauen. Die Umgebung zu sehen durch Säulen, die das Dach stützten, war für sie „der Garten". Das war der Anfang eines neuen Genres, „der Garten in freier Natur", zerstreut in den Bergregionen, an großen Flüssen und Seen. (11)

Die Reichen erfreuten sich in den Zeiten, als sich die Gelehrten in ärmliche Hütten zurückzogen, an der Schönheit der Natur in ländlichen Villen, umgeben von Gärten, in denen immer öfter Steine zur Zierde wurden, die Gebirge symbolisierten. Die Residenzgärten erreichten ausgeprägte Formen und spielten im Leben der Gesellschaft eine nicht geringe Rolle. Das bezeugt der Ruhm, den im 4. Jahrhundert im Gebiet des heutigen Suzhou der Garten Bijiang der Familie Gu hatte. Seine Schönheit lockte selbst Wang Xizhi an.

Auch die Herrscher der schnell wechselnden südchinesischen Dynastien fanden im 4. bis 6. Jahrhundert eine Vorliebe in Gärten, in denen sie bestrebt waren, mit Vergnügungen und Luxus und ästhetischen Erlebnissen die Ungewißheit der Zeit zu übertönen.

Zum Zentrum der Gartenbaukunst wurde das heutige Nanjing. Die Parks erstreckten sich dort um weitläufige Seen, die bis zum heutigen Tag eine Zierde der Stadt sind. Eine große Mode in Nanjing-Gärten waren Steine ungewöhnlicher Formen, für die auch der sparsamste Adelige bereit gewesen wäre, unangemessen hohe Summen zu bezahlen.

81 Xu Huaihua: Gartenpavillon des Sieges. Der zeitgenössische Maler hielt im Bild den Kaiser fest, der mit seinem General Xu Da im Gartenpavillon wei qi spielte. Der Kaiser wurde von dem General besiegt und schenkte diesem als Belohnung den Pavillon und den Garten. Nanjing war jahrhundertelang ein bedeutsames Zentrum der chinesischen Gartenkunst.

82 Lu Lengjia: Miniaturkomposition aus vertikalem Gestein, die eine Gebirgsgegend darstellt. Diplomatengeschenk, 9. Jahrhundert, Tang-Dynastie.

Mit großer Vorliebe verwendete man vertikale, kegelförmige Steine, die man als Verbindung zwischen Himmel und Erde ansah. Dieser Typ von Steinen begann damals auch in Miniaturszenerien in Schalen aufzutauchen.

Die Schönheit des Gartens sprach für sich, wie auch eine Episode beschrieb, die heute noch erzählt wird: Als jemand dem Prinzen Xiao Dong (501 – 531) aus der Liang-Dynastie während eines Spazierganges um den See Xuanwu den Vorschlag machte, daß die Gruppe der Musikspielerinnen ein Konzert zum Ruhm der herrlichen Gartenszenerie geben könnte, antwortete der Prinz: „Wozu ein Konzert? Diese Berge und Gewässer sind selbst bezaubernde Musik." Und so wurde die „Musik der Berge und Gewässer" zum Synonym für südchinesische szenische Gärten.

Mit der Ausbreitung des Buddhismus nahm die Anzahl von Kloster- und Tempelgärten zu, wo sich Türme und Terrassen schon von weitem vor den Pilgern in bläulichem Dunst und Regen erhoben. Es war die Gewohnheit der Gebildeten, sich mit Mönchen anzufreunden, Gebirgskloster zu besuchen und dort zu übernachten. Viele von ihnen haben ihre Eindrücke niedergeschrieben, und so entstand bereits frühzeitig das Genre der Reisetagebücher.

83 Die Szenerie aus vertikalen Steinen im See erinnert an den südchinesischen Steinwald Shi lin unweit von Kunming. Garten des Lockeren Spazierens, Liu yuan. Er gilt als eine der vier bedeutendsten Gartenanlagen Chinas, neben dem Garten des Bescheidenen Politikers, Suzhou, dem Sommerpalast in Beijing und dem Kaisergarten in Chengde. Hebei.

Der durch den Daoismus motivierte Rückzug in den Schatten wurde zum Bestandteil des Denkens und zum Thema der Arbeiten von chinesischen Literaten, sowohl Dichtern, Malern oder Gartengestaltern. Die Natur wurde zum gemeinsamen Hauptnenner der chinesischen Kunst.

Die Erde und der Himmel sind das Gasthaus
für Zehntausende Dinge.
Tage und Monate gehen nur spazieren,
gesandt von Hunderten Jahrhunderten.
Diese sich bewegende Welt ist wie ein Traum.
Wieviel Zeit verbleibt noch zum Auskosten
ihrer Freuden nur ...

Li Bai, 8. Jahrhundert

Mächtiger Strom

85 Li Bai, Dichter und Naturliebhaber, Tang-Dynastie.

86 Eine Furt aus flachen Steinen – ästhetisch und praktisch bedeutsames Element des Gartens, Zizhu yuan, Bejing.

84 Ziersäule im Klostergarten, Chengde.

In der Entfaltung der Gartenkunst gab es keinen Stillstand, nicht einmal in Zeiten, in denen es für sie keine günstigen Bedingungen zu geben schien.

Die Herrscher der kurzzeitigen Sui-Dynastie (581 – 618), die nach mehr als vier Jahrhunderten China vereinten, begannen, als es ihnen gelang, die Macht zu festigen, in der Hauptstadt Da Xingcheng umfangreiche Gärten anzulegen. ([1])

Zum berühmtesten wurde durch seine aufwendige Herrlichkeit der Westliche Garten, Xiyuan, des Kaisers Yangdi. An ihm arbeiteten entsprechend überlieferten Nachrichten mehr als eine Million Menschen. Der Garten war als ein Abbild des Universums konzipiert. Sein Zentrum war das Nordmeer, Beihai, mit drei Inseln der Unsterblichen, nach dem Han-Vorbild mit vielen Pavillons und anderen Bauten. Jeder der Paläste hatte seinen eigenen, intimeren Garten, das war ein neues Kompositionselement. Der Garten war auch dadurch interessant, daß der Kaiser darin seltenes Wild aufzog und Pflanzen aus verschiedenen Teilen des Reiches züchtete. Da er es gewohnt war, im Süden zu leben, konnte er sich nicht mit der Vorstellung abfinden,

daß in der kühlen klimatischen Zone der neuen Hauptstadt im Garten während des Winters keine Blumen gediehen. Er ordnete deshalb an, die Dienerschaft solle die kahlen Äste mit Blumen aus farbiger Seide behängen und in den Seen solle künstlicher Lotos „wachsen".

Dieser Garten bedeutete einen großen Fortschritt in der Entwicklung der Gartentechnik, auch wenn der Aufwand vom Standpunkt der damaligen ökonomischen Situation des Reiches nicht angemessen war. Es ist bekannt, daß dort Gärtnermeister aus ganz China arbeiteten und man für den Bedarf des Gartens große Baumschulen anlegte. Das alles war eine bedeutende Gabe in die Schatzkammer der Gartenkunst. (2)

Nach dem kurzen dynastischen Intermezzo der Sui bestieg die Tang-Dynastie (618 – 907) den chinesischen Thron. In der Zeit ihrer Herrschaft begann ein ungewöhnlicher wirtschaftlicher und kultureller Aufschwung. Mit ihm war auch eine große Entwicklung der Gartenkunst zu verzeichnen, die sich genreartig schichtete und

87 Eine ausgezeichnete rustikale Komposition: See mit Wasserpflanzen, Steinen und Pavillon, Chengde.

88 Vorstellung von einer Literatenunterkunft in der Geborgenheit hoch über den Wolken. Holzschnitt, 18. Jahrhundert.

bereits einen größeren Kreis erfreute, als es in der Vergangenheit der Fall war. Die Kaisergärten repräsentierten durch ihre Weite und ihren Prunk die Stellung des Kaisers des damals mächtigsten Reiches der Welt. Sie waren der Ort, der zur Durchführung repräsentativer und zeremonieller Funktionen bestimmt war, und dienten auch gesellschaftlichen Vergnügungen. Mit Vorliebe spazierten hier die Kaiser mit ihrem Gefolge, fuhren mit Booten und veranstalteten Konzerte und Dichterwettbewerbe. Es wurden hier solche Sportarten wie Polo und ein Ballspiel, das dem Fußball ähnelt, ausgeübt. Beide Tang-Residenzstädte, Changan und Luoyang ([3]), hatten eine wunderbare Lage und bildeten einen idealen Rahmen für die kaiserlichen Landsitze, in denen die Herrscher Entspannung in heißen und stickigen Sommermonaten suchten. Immer noch kann man den Garten der Pracht und des Glanzes, Huaqing Chi mit heißen Quellen, der unweit des heutigen Xian liegt, des einstigen Changan, besuchen. Der Kaiser Ming Huang ließ ihn für seine Konkubine Yang Guifei, die berühmteste chinesische Schönheit, anlegen. ([4])

90 Der Tempel des Konfuzius mit dem Garten, einst eine Hochschule, die von dem nordsongschen Reformator Fan Zhongyan vor fast tausend Jahren gegründet wurde.

89 Gartenhof eines buddhistischen Tempels. Verbrennung geopferter Papierwünsche. Suzhou.

Die Gestaltung der Tang-Gärten beeinflußte wesentlich die ständig sich vertiefende Kenntnis der Botanik, die ab dem Jahr 758 ein Bestandteil der staatlichen Prüfungen wurde und das allgemeine Wissen erweiterte. Das wurde bestens durch das Interesse an Strauchpfingstrosen illustriert, dem Symbol der Zeit. Alle bewunderten die Gärten, vom Kaiser bis zu den einfachen Menschen. Die Professionellen und Amateure experimentierten mit der Kreuzung von Pflanzen so, daß neue Arten entstanden, wie die seltenen gelben Pfingstrosen. Da gelb auch die Farbe der Kaiser war, brachte sie, wenn sie aufgeblüht waren, ein berittener Kurier aus Luoyang nach Changan dem Kaiser als Geschenk. Auch die kaiserlichen Beamten suchten während ihrer Dienstreisen und -aufenthalte in den von der Residenz entfernten Provinzen nach unbekannten Arten dieser Blume. In der Hauptstadt wurden sie dann mit Stolz den Freunden in ihren Gärten gezeigt. Das Sammlerinteresse bewirkte, daß die Preise für Pfingstrosen auf den Märkten in Changan astronomische Höhen erreichten, wie es im Jahr 810 der Dichter Bai Juyi beschrieb ([5]). Die Menschen pilgerten zu den Pfingstrosen auch in öffentliche Gärten und Parks, die in dieser Zeit ein Bestandteil der Stadt waren.

Die Einwohner von Changan, damals bereits Millionenstadt, lockte das ganze Jahr über der weite

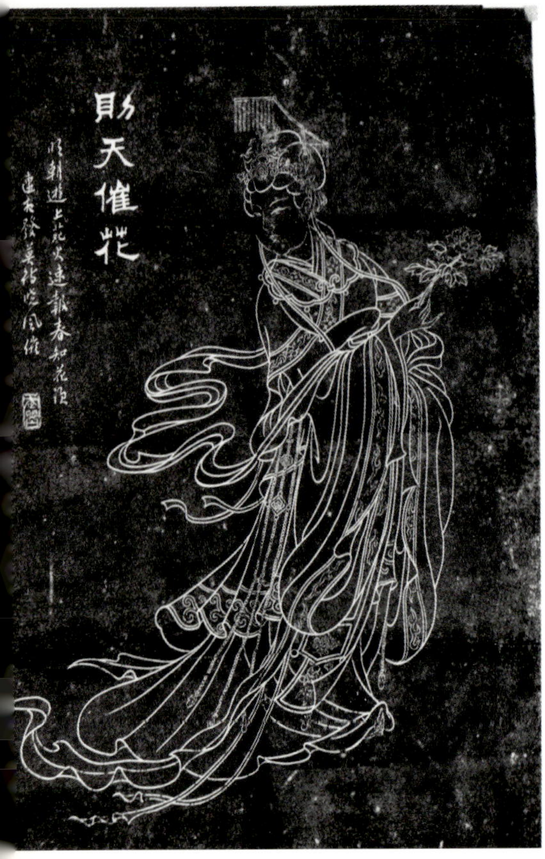

91 Beschützerin der Geburten mit einer Pfingstrosenblüte. Die Pfingstrose war besonders in der Tang-Dynastie eine beliebte Gartenblume. Steindruck.

92 Ornamentverzierungen im Garten der Pagode des Gefesselten Drachen, Chengde. In Klostergärten wurden die Wände der Tempel und Pagoden oft mit Designs aus der Natur und aus dem Gartenleben verziert.

93 Die Schöne Yang Guifei mit dem chinesischen Kaiser im Garten, zeitgenössische Zeichnung.

94 Steintisch mit Sitzgelegenheiten, Liu yuan, Suzhou.

95 Himmlische Musiker im Garten. Freske, Sui-Dynastie.

Garten Qu jiang chi im südöstlichen Teil der Stadt, wo bereits der Han-Kaiser Wudi seinen Park besaß. Es gab hier einen Fluß, dessen Damm so lag, daß er eine Wasserfläche ähnlich einem See mit reich gegliederten Ufern bildete. Hier wechselten sich in malerischer Reihenfolge Pavillons, Terrassen und weitere Gartenbauten ab. Die größten Menschenmengen pilgerten jedoch in diesen Garten in der Zeit des Frühlingsfeiertages der Reinheit und des Glanzes, der

96 Klöster mit Gärten, die auf Inseln und Halbinseln großer Flüsse errichtet wurden, kann man in China an vielen Stellen vorfinden.

die Zeit der allgemeinen Säuberung war.

Die Bewohner großer mittelalterlicher Städte besuchten auch Klostergärten, die zum Zentrum des Stadtlebens wurden. Dort hielt man oft auch Märkte ab, Jongleure und Erzähler traten auf. Es versammelten sich hier auch Menschen aus der weiteren Umgebung, um seltene Pflanzen betrachten zu können, die dort gezüchtet wurden.

Die chinesische Gewohnheit, schöne Szenerien in freier Natur aufzusuchen, ist vor allem auf die buddhistischen Klöster in den Bergen zurückzuführen. Ihre Gärten waren Bestandteil der umgebenden Natur. Die Mönche waren bekannt als Beschützer seltener Bäume, und die Pilger zog es nicht nur wegen des geistigen Genusses, sondern auch wegen des ästhetischen Erlebnisses dorthin. Auch die Daoisten, die eine sehr enge Beziehung zur Natur hatten, schufen ihre Heiligtümer mit Grotten der Unsterblichen auf entzückenden abgeschiedenen Stellen. Die Menschen wanderten oft ganze Tage, nur um einen berühmten Berg zu sehen, eine alte Kiefer oder den Mond, der sich im Wasser spiegelt, zu betrachten.

Die entscheidende Bedeutung für die weitere Entwicklung der chinesischen Gartenkunst hatten jedoch in der Zeit der Tang-Dynastie private Gärten. Gerade damals wurden gebildete kaiserliche Beamte zu Hauptakteuren in der Szene dieses künstlerischen Faches. Offiziell waren sie Bekenner der konfuzianischen Ethik, im Geiste jedoch Erben des Gedankengutes ihrer Vorfahren aus der Zeit des Zerfalls Chinas. Nach dem Beispiel des Dichters Tao Qian sehnten sie sich nach einem engen Bündnis mit der Natur, nach einem Leben frei von gesellschaftlichen Konventionen. Da ihnen jedoch ihre Bildung im prosperierenden Tang-Staat den Weg der „Ehre und des Ruhmes" ermöglichte, auf dem sie eine glänzende Beamtenkarriere erreichen konnten, war ihre Entscheidung, dies alles aufzugeben und sich „in den Schatten zurückzuziehen", nicht einfach. Auf der anderen Seite wurden sie im Dienst oft durch Intrigen bedroht, durch Neid und Machtkämpfe beeinträchtigt. Auch die Korruption verärgerte sie, viele berührte schmerzhaft die Armut einfacher Menschen, die grausam

97 Buddhistische Skulpturen in Klostergärten bringen die reiche Geschichte der alten Gartenwerke zum Ausdruck. Suzhou.

mit dem Reichtum der Mächtigen kontrastierte. Trotz allem war der Rückzug in die Einsamkeit nicht leicht, denn die Fesseln an das konventionelle Leben waren zu stark. Bleiben oder Gehen war die innere Kluft, die viele gebildete Menschen bewältigen mußten. Einige entschieden sich zu diesem Schritt, andere fanden einen zeitweiligen Zufluchtsort in den Bergen, wo sie sich eine Hütte bauten, um nach einiger Zeit zu ihrer Pflicht zurückzukehren, andere wiederum fanden die Erfüllung ihrer Sehnsucht in szenischen Gärten, die sie entweder in der Stadt selbst oder dicht hinter ihren Pforten errichteten.

Wie der glückliche Zustand derjenigen aussah, die in der Einsamkeit lebten, beschrieb einer der „Männer im Schatten", der Dichter Li Yuan, im Brief an seinen Freund, den bedeutenden Literaten und hohen Beamten Han Yu (768 – 824):

„Ein armer Mann, wie ich es bin, der kein Amt bekleidet und Herr seiner Zeit ist, kann den Berg hochsteigen, den ganzen Tag im Schatten der Kiefer sitzen, in klarem Quellwasser baden oder im Tümpel fischen. Ihm werden zwar keine kaiserlichen Ehren erwiesen, er ist jedoch nicht grausamen Strafen ausgesetzt. Er weiß nicht, ob die Zeiten gut oder schlecht sind, er erfährt nicht, wer in Ungnade gefallen oder wer befördert worden ist." [6]

Mit ihren Erlebnissen näherten sich diejenigen diesem Ausspruch, die sich in den Schatten auf entfernte Plätze und für eine vorübergehende Zeit zurückgezogen hatten. Sie trugen somit zur weiteren

98 Pagode Baochu aus dem Jahr 968 mit Pavillon, Hangzhou.

99 Studierstube über dem See. Unbekannter Maler, Tang-Dynastie.

100 Qi Baishi: Segel auf dem frühabendlichen Fluß, Hütte eines Gebildeten auf dem Gipfel. Vierziger Jahre.

Entfaltung des Gartengenres in freier Natur bei.

Wie dies alles vor sich ging, mit welchen Gefühlen der Prozeß verbunden war, beschrieb in seinen acht Essays aus Yongzhou der Essayist und Dichter Liu Zongyuan.(7) Yongzhou war eine Gegend in der Provinz Hunan, mehr als dreitausend Meilen von der Residenz entfernt, wohin Liu, der kaiserliche Beamte, wegen seiner Ansichten verbannt wurde. Die Natur wurde zu einem Teil von ihm selbst, die Seen und Flüsse nannte er yu, töricht, was erweitert bedeutete „gleich töricht wie er selbst" es war. (8)

Während man in der Stadt beim Errichten eines Gartens Hügel aufschütten, Täler ausheben, Steine heranfahren und viele andere Hindernisse überwinden mußte, wie Liu schrieb, genügte es, in der Natur eine geeignete Stelle zu finden, die Pfade und Wege zu ordnen, die

101 Gartenpavillon des Tang-Dichters Du Fu in Chengdu, Volksausschneidebild.

102 Künstliche Höhlen verleihen den Gärten geheimnisvolle Atmosphäre und Kontrast. Garten des Meisters der Fischernetze, Suzhou.

Gewässer zu reinigen, die Bäume und Sträucher zu beurteilen und nur die wirklich ungeeigneten zu entfernen und schließlich eine Betrachtung der Steine vorzunehmen, so wie sie die Natur verstreut hatte. Diese besonders entfachten Lius Phantasie. „Manche waren wie Türme, ragten senkrecht hoch. Andere ähnelten knienden Männern, weitere waren nur im Raum verstreut und wirkten durch ihre Formen und bizarren Risse. Es gab auch solche, die geheimnisvolle Grotten bildeten oder sich aufbäumten wie scheuende Pferde." ([9])

In anderen Essays hinterließ Liu kommenden Generationen das Zeugnis eines ergreifenden Ausblicks aus einem einfachen Pavillon ohne Verzierungen hoch in den Bergen, die der „Zaun aus weißen Wolken und die Schutzwand aus grünen Hügeln ..." zierte. Gäbe es Liu nicht, niemand würde über die Schönheit solcher Plätze etwas erfahren. ([10])

Ein gleiches Verhältnis zu „Wasser und Bergen" der unberührten Natur hatte auch der große Tang-Dichter, Liebhaber der Wanderungen und des guten Weines, Bai Juyi (772 – 846). Auch er war kaiserlicher Beamter. Als er in Ungnade fiel, was bei seinem unabhängigen Charakter und seinem Mitgefühl mit leidenden Armen nicht schwierig war, wurde er im Jahr 815 nach Yangzhou, an den Mittelteil des Langen Flusses, verbannt. Dort bekleidete er einen minderwertigen Posten. Diese Schmach brachte ihm jedoch mehr Freude als kaiserliche Anerkennungen. Er entdeckte nämlich hier auf dem Berg Lushan eine Stelle, wo Wolken, Wasser, Quellen und Steine entzückender als woanders waren. Und eben dort baute er seine Grashütte Caotang ([11]) auf. Die Wände ließ er von rankenden Pflanzen zu-

103 Gebirgslandschaft des Flusses Li in Guilin. Eine oft verwendete Vorlage für Steinszenerien in Gärten und Schalen.

104 Garten in freier Natur. Manuale San xi tang hua bao, 18. Jahrhundert.

wachsen, und den Weg pflasterte er mit weißen Steinen. Die Hütte, vor der einige mächtige Kiefern standen und auch sein geliebter Bambus wuchs, umschloß ein Bach, und in der Nähe war ein Wasserfall. Im See wuchs der weiße Lotos, am Ufer der rote Granatbaum. (12) Ringsum erstreckte sich die Aussicht auf blaue Berge. Was kann man sich Schöneres vorstellen! Der

Dichter fand hier so viel Erfreuliches, daß er sich nach nichts weiterem sehnte, als hier den Rest seiner Tage verleben zu können.

Als ihn der Kaiser jedoch erneut zum Dienst rief, verließ er seine Hütte, denn die Pflichten gegenüber seiner Familie und seinem konfuzianischen Gewissen ließen es anders nicht zu. Ständig hoffte er jedoch auf eine Rückkehr für immer, wie er es in seiner dichterischen Prosa ausdrückte: „Nun verwehren mir meine Pflichten, hier meine ganze Zeit zuzubringen. Vielleicht später, wenn meine Brüder und meine Schwestern verheiratet sind und meine Beamtenlaufbahn abgeschlossen ist, werde ich frei sein, um hier zu verweilen, wie es mir gefällt. Dann nehme ich mit der linken Hand meine Frau und die Kinder, in der rechten trage ich meine Bücher und die Zither und begebe mich hierher. So erfülle ich mir die Sehnsucht meines Herzens. Die klare Quelle und die weißen Felsen sollen Zeugen meiner Worte sein." (13)

Der Traum hat sich dem Dichter nicht erfüllt, doch lebte er weiterhin in den Werken derer, die seine Botschaft empfingen, und sie erfüllten diese nicht nur durch ihr Leben, sondern auch durch ihr Schaffen.

106 Chinesische Gärtner faszinierte stets die Schönheit des Wurzelwerkes der Bäume, das ihre Lebensenergie ausdrückt. Suzhou.

107 Die Kombination vertikaler Steine und aufrechter, vollkommen gerader Bambusschäfte vertieft den ästhetischen Eindruck des Werkes. Garten des Pavillons der Grünlichen Wellen, Cang lang ting, Suzhou.

105 Bai Juyi, Tang-Dichter, kaiserlicher Beamter und hervorragender Gärtner. Sein Werk beeinflußte die heimische Gartengestaltung und trug zur Verbreitung der chinesischen Gartenkunst in Japan bei.

108 Wang Weis Gartenvilla. Guo Shiyuans Zeichnung nach einem Steinstich, Faksimile auf einem Paravent, Ming-Dynastie.

109 Gartenvilla von Wang Wei nach einem Steinstich. Zeichnung auf einem Paravent, Spätreproduktion (etwa 15. Jh.), Xian.

Wenn wir von diesen Plätzen, wo die Wasserfälle brausten und die Berggipfel emporragten, wo die schönste „Musik der Berge und Flüsse" erklang, in die Hauptstadt Changan zurückkehren, begegnen wir dort denen, die in der Lage waren, ihre Beziehung zum All, ihre geistigen Erlebnisse, die weit hinter die Grenze dieser Welt reichten, auf dem abgegrenzten Raum ihres Gartens auszudrücken. Zu ihnen gehörte jener wundersame Künstler des Wortes mit oberflächlich schroffem, in Wirklichkeit jedoch zu Herzen gehendem dichterischem Ausdruck, der Maler und Dichter Wang Wei, beruflich kaiserlicher Beamter, durch Berufung ein Mann des Geistes und Freund buddhistischer Mönche. Wann er nur konnte, verbrachte er in seinem reiferen Alter die Zeit im Garten, dem Zufluchtsort am Fluß Wang, Wangchuan bie ye. Er lag einige Stunden Fußweg südlich von der Stadt entfernt. Aufsteigende und ab-

110 Südchinesischer Pavillon mit hochgezogenen Dachecken im Garten der Berühmten Pavillons im Park Tao ran ting, Beijing.

sinkende Berge bildeten tiefe Täler, es gab dort einen Fluß, und an den Hängen wuchsen gespaltene Kiefern. Vor Wang Wei hatte diese verlassene Bergwelt bereits der Dichter Song Zhiwen liebgewonnen. In dieser wilden Natur gestaltete Wang Wei im Einvernehmen mit ihrem Aussehen einen Garten mit zwanzig Szenerien im Geist kultivierter Einfachheit und Natürlichkeit, dem auch rustikale Hütten und Überdachungen entsprachen, die dem Wohnen, dem Ausruhen und der Meditation dienten.

Wang Weis Gartenwerk war ein Übergang zwischen Gärten in freier Natur, wie sie von Liu Zongyuan geschildert wurden, und den späteren Gärten der Literaten der Song- und Ming-Zeit. Wang diente zwar dem Kaiser als Beamter, in seiner Freizeit jedoch war er Maler, Dichter und Gärtner. Alle diese Sphären seiner Tätigkeit prägte ein einziges Thema – die Natur.

Wang Wei malte seinen Garten, und für jede der zwanzig Szenerien schrieb er zwei Gedichte. Durch sein Werk beseitigte er im Geist des Chan-Buddhismus die Grenze zwischen dem Materiellen und dem Ideellen, zwischen dem Äußeren und dem Inneren. Er beeinflußte tiefer als alle anderen die Ästhetik der Gärten chinesischer Intellektueller. Es wird ihm zugeschrieben, daß er die Form des horizontalen Rollenbildes entwickelte, das von rechts nach links abläuft. Die Szenen folgen so nacheinander, daß der Betrachter das Gefühl hat, daß er durch das Bild wandert. [14] Besonders zwei von Wang Weis Vierzeilern, die seinem Garten gewidmet waren, fesselten die Vorstellungskraft späterer Generationen von Garten- und Poesieliebhabern: „Wildgehege der Hirsche", Lu zhai, und die „Hütte zwischen Bambus", Zhuli guan, in denen er die Einheit der Menschen und der Natur erfaß-

111 Die Konzentration großer Steine im Garten sollte die Vorstellung eines Flusses in den Bergen auslösen. Chengde.

112 Garten an der Großen Gänsepagode in der ehemaligen Hauptstadt des Tang-Reiches, Changan, jetzt Xian.

113 Die Szenerie in Schale des Typs Jiashan stellt ein mächtiges Gebirge dar, Suzhou.

te und die „Leere umschlang": „Tiefer Wald, von Menschen keine Spur. Nur der Mond ging auf und leuchtet auf mich herab."

Einen bedeutenden Auftrieb in der Gestaltung lyrisch gestimmter städtischer Gärten brachte einige Jahrzehnte später Bai Juyi, genannt auch Letian, Glückseliger Himmelsbürger, der, wie er von sich selbst sagte, Gärten überall baute, wo er hinkam, wenn es auch nur für kurze Zeit war, was er oft vorher wußte. Sein Garten in Luoyang, in einem der schönsten Stadtviertel, genannt Lidao, war, wie es sich für einen städtischen Garten ziemte, kleiner als Wang Weis Wohnsitz. „Zehn mou nimmt das Haus ein, fünf mou der Garten" – schrieb der Dichter und setzte fort: „Es gibt hier einen kleinen See und Tausende Bambusstäbe." ([15]) Im See war eine Insel, zu der eine Brücke führte. Im Garten war der Pavillon der Laute, des Dichters beliebtestes Instrument. Atmosphäre des Edelmutes gab dem Garten der Bambus, den der Dichter wegen seiner Eleganz und wegen der „Leere seines Schafts" sehr verehrte. Er symbolisierte „Leere und Freiheit seines Inneren", und das war der ideale Zustand eines innerlich ausgeglichenen Menschen. Es gab hier auch einen „ungewöhnlichen Stein", wie ihn Bai nannte. Er stammte aus dem See Taihu aus der Region Jiangnan ([16]), und das Wasser gab ihm phantastische Formen, die auch der beste Bildhauer nicht erzielen könnte. Herr Bai brachte den Stein aus weiter Ferne mit, aus der Stadt Hangzhou, wo er im Dienst des Kaisers die Funktion

114 Felsen über dem See Pingsham, Yangzhou.

115 Als Mittel, die den ästhetischen Eindruck erhöhen, dienten oft Kontrastkompositionen von Steinen und blühenden Bäumchen in Schalen. Suzhou.

eines Gouverneurs innehatte. Andere Belege seiner enthusiastischen Liebe zu Steinen müßte man vielleicht gar nicht suchen. Diese Verzierung seines Gartens war in der damaligen Zeit in Luoyang noch etwas Ungewöhnliches und weckte verdiente Bewunderung. Es dauerte nicht lange, und die Taihu-Steine wurden in chinesischen Gärten zur Mode, die manchmal in unbefugten Händen die Grenzen des guten Geschmacks überschritt.

116 Ein solitärer Stein aus dem See Taihu zeichnet durch seinen Schatten sein Bild auf der weißen Mauer. Garten des Meisters der Fischernetze, Wang shi yuan, Suzhou.

Es war eben Bai Juyi, der den ästhetischen Wert der Steine entdeckte, „die mit der Anziehungskraft versehen sind, obwohl sie weder Stimme, Geruch noch Geschmack haben ..."

In der Gartenkomposition zielte Bai auf „sinnvolle Einfachheit und Schlichtheit". Seiner Ansicht nach kann ein einziger Grashalm oder ein einziger Stein die Vorstellungskraft anregen, Quellen der Intuition freilegen und in einen auch kleinen Raum die Unendlichkeit des Universums projizieren. Im Garten, ähnlich wie auf dem Bild, haben dann „Hunderte Fuß die Größe der menschlichen Faust und Tausende von Meilen sind nur ein Augenschlag". Das alles kann man erreichen, ohne daß man den Stuhl verlassen muß. Bai Juyis ästhetische

117 Ein blühender Ast eines alten Pflaumenbaumes gilt in der Chan-Ästhetik als Ausdruck der Lebensenergie. Holzschnitt, 18. Jahrhundert.

118 Zhu Derun: Kiefer über dem See, Song-Dynastie. Ein beliebtes Motiv des chinesischen Gartenschaffens war das Spiegeln der alten Bäume auf der Wasserfläche. Beijing.

119 Abendfeier im Garten, veranstaltet von dem Dichter Li Bai für seine Freunde. Gobelin aus der kaiserlichen Werkstatt, Beijing, 19. Jahrhundert.

Ansichten hatten großen Einfluß in Japan, wo sein Werk, vor allem „Die Grashütte", frühzeitig übersetzt wurde. Sie trug zur Formung des japanischen Geschmacks und des spezifischen Begreifens der Schönheit bei, was sich besonders in der Gartenkunst niederschlug.

Und wenn man schon über Gärten und große chinesische Dichter spricht, kann man Du Fu (717 bis 770) nicht vergessen, einen der größten Genies nicht nur in der chinesischen Literatur, sondern auch in der Weltliteratur, der in schweren Zeiten, als das Land durch einen Aufstand erschüttert wurde, mit seiner Familie in der Grashütte am Ufer des Flüßchens, in dem Blüten baden – Wanhuaqi – in der Nähe der Stadt Chengdu im südwestlichen China einen Zufluchtsort fand.

In den Gärten der Dichter kam es zu vielen Treffen von Freunden im Geist der Begegnung am Orchideenpavillon. Eines davon beschrieb im dichterischen Essay „Gastmahl in einer Frühlingsnacht im Pflaumen- und Pfirsichgarten" der Dichter Li Bai. Junge Freunde kamen hier zusammen in einer berauschenden Frühlingsnacht, durchdrungen von Blütenduft, tauschten Weinkelche und verfaßten Gedichte. ([17])

In der Zeit der Tang gehörten die Gärten bereits zum Lebensstil. Der reiche Adel und hohe Beamte bauten Landsitze, denen sie Namen verliehen wie Berghütte, Shan zhuang, Bergpavillon, Shan ting oder auch Bauernsitz, Tian ju. In Changan selbst entstanden unweit des Kaiserpalastes Ansiedlungen des Adels mit weitläufigen anspruchsvollen Gärten, die sich stark von den rustikal bescheidenen Zufluchtsorten der Intellektuellen unterschieden.

Zum Chronisten der Gärten von Luoyang wurde der Song-Gelehrte Li Gefei durch seine Aufzeichnung über die berühmten Luoyang-Gärten, Luoyang ming yuan jihou. Und obwohl sich kein Tang-Garten in seiner ursprünglichen Gestaltung erhalten hat, hinterließen uns die Werke der Dichter, Essayisten und Maler wertvolle Zeugnisse.

120 „Grashütte", Cao tang, des Dichters Du Fu in Chengdu. Zeitgenössische Replik.

Der Raum zwischen Himmel und Erde, ob er nicht wie ein Schmiedebalg ist.
Er ist leer, fällt nicht zusammen.
Ist in ständiger Bewegung und gibt immer mehr heraus...

Lao Zi, 5. Jahrhundert v. Chr (1)

RAUM DICHTERISCHER IMAGINATION

Im Mittelpunkt des Interesses chinesischer Ästhetik stand jahrhundertelang die Konzeption des Raumes. Sie spielte eine bedeutsame Rolle nicht nur in der Malerei, sondern auch in der Gartenkunst, in der zum Schlüsselproblem die Frage wurde, mit welchen Mitteln man auf der begrenzten Fläche des Gartens die Illusion des unendlichen Raumes und weitgehender Leere gestalten kann, denn vom Standpunkt des chinesischen Begreifens der Welt ist die Natur, ziran, ohne Grenzen.

Schon der Begriff jing jie, begrenzter Raum, mit dem man ursprünglich einen Platz für die Götterverehrung bezeichnete, hatte eine gewisse mystische Konnotation. Im Laufe der Zeit änderte sich dieser reale Raum mit der Entwicklung der Landschaftsmalerei und Landschaftspoesie in der Zeit der Süd- und Nord-Dynastien, besonders dann in der Zeit der Tang-Dynastie, unter dem Einfluß des Daoismus und des Chan-Buddhismus, in eine künstlerisch-geistige Ebene, yi jing, die die philosophische Konzeption der unbegrenzten Leere enthält.

Es ist innere Qualität, die sich äußerlich durch keinerlei Aktivität kundtut, denn dao kann man begreifen, man kann es jedoch nicht wahr-

122 Der vertikale Stein lenkt die Aufmerksamkeit auf die Silhouette der Gartenarchitektur, die sich im Wasser spiegelt, und vertieft so das räumliche Empfinden.

121 Der Pavillon mit hochgehobenen Dachecken tritt in den Raum des „vollen Frühlings" ein. See Xihu, Hangzhou.

123 Flüßchen am Pavillon des Dichters Du Fu in Chengdu.

124 Palastterrasse mit Pavillon im Garten, der an die freie Natur anknüpft. Holzschnitt, 18. Jahrhundert, San xi tang hua bao.

nehmen. Das Etwas you und das Nichts wu sind Teile eines Ganzen und bilden die Struktur der wahrnehmbaren Welt. „Der Ton wird geknetet und man fertigt Gefäße aus ihm, aber das Nichts ihres Inneren bildet die Verwendbarkeit der Gefäße." (2)

Die Leere, xu, durchdringt die Natur. Deshalb wurde die Beziehung zwischen Leere und Fülle, shi, die Grundfrage der Poesie, der

125 Eingang in den Garten des Dichters Du Fu, Chengdu.

und dichterischer Vorstellungskraft, nennen. Eben darin durchdringt sich harmonisch die Fülle mit der Leere. Deshalb ist auch der kleinste chinesische Garten ohne Grenzen, denn er enthält dao.

Es ist also begreiflich, daß die Fähigkeit, in einem einzigen Garten das ganze All zu konzentrieren, als magischer Akt betrachtet wurde. (3)

Die chinesische Intelligenz, Dichter und Maler haben oft beschrieben, wie sie in Gärten das Gefühl absoluter Befreiung des ganzen Wesens durchlebten. Einen solchen Zustand des Geistes deutete auch der Songsche Su Shi im Gedicht „Pavillon, der in der Leere untertaucht", Han xu ting, von dem er „das ganze Firmament umfassen" konnte. Ähnlich äußerte er sich in seinen „Bemerkungen über die transzendentale Terrasse", Chao ran tai ji, und in anderen Gedichten und Essays.

Ji Cheng beschrieb in seinem Manual „Über die Gartenkunst", Yuan ye, ein ähnliches Gefühl, indem er schrieb: „Sie stehen auf einer hohen Terrasse und sehen sich in der Runde um, verneigen sich in leerem

Malerei und der Gartengestaltung, denn in keinem dieser Bereiche geht es darum, die augenblickliche Ähnlichkeit der Dinge zu erfassen, sondern ihr Abklingen in der Leere darzustellen, das den Charakter „des Glockenklangs vom fernen Kloster" hat. Abstraktion und Realität gehören hier zusammen, und nur ein Werk, in dem Gleichgewicht zwischen shi und xu herrscht, hat innere Spannung und künstlerische Dimension.

Dieser Standpunkt trug dazu bei, daß chinesische Gärten die Begrenzung der realen Welt überschreiten, die Phantasie stimulieren und den sichtbaren Horizont erweitern. Im Gegenteil, ein Werk, das xu nicht erfaßt, entbehrt die Qualität des yi jing – das, was die Chinesen Raum, ausgestattet mit Geistigkeit

126 Auf die Fenstergläser der Gartenhäuser wurden oft Gebirgsszenerien gemalt.

127 Die Fenster zum Garten müssen nicht rechteckig sein, sie können auch kreisförmig, elliptisch oder anders geformt sein. Dem Garten geben sie einen tieferen Inhalt und dadurch auch die unentbehrliche geistige Dimension. Garten Ge yuan, Yangzhou.

Raum, um den Mond zu begrüßen." ([4]) Auch der Qing-Dichter Yuan Mei (1716 – 1793) beschrieb in seinen „Aufzeichnungen aus dem Garten Sui", Sui yuanji, seine transzendentalen Erlebnisse und das Bewußtsein grenzenlosen Raumes, die ihm in seinem Garten geboten wurden.

Die Sehnsucht, sich in harmonischer Einheit mit xu in jedem beliebigen Garten zu vereinen, sogar

128 Anordnung der Steine und die inneren Gartenmauern, Penjingschule, Xian.

129 Eingang in den Garten der buddhistischen Pagode in Kunming.

130 Eingang in den Garten des Meisters der Fischernetze. Repräsentative Tore in die Gärten wurden bereits zur Zeit der Tangs gebaut. Die reiche Architektur der großen und kleinen Tore entstand in der Zeit der Songs und später. Suzhou.

in einem, der in der Nähe frequentierter städtischer Straßen liegt, äußern die Namen von Pavillons und anderen architektonischen Teilen des Gartens. Im kaiserlichen Sommerpalast Yi he yuan bei Beijing gibt es den Balkon des Unbegrenzten Raumes, Wu jing yixuan. Im Suzhou-Garten des Meisters der Fischernetze, Wang shi yuan, ist der Zufluchtsort konzentrierter Leere, Ji xu zhai usw. Ähnliche Emotionen äußert auch der Garten der Weiten Aussichten, Da guan yuan, der der Hauptort der Romanhandlung „Traum des roten Turmes", Hong lou meng, ist. (5)

Der Garten war die „Sternkarte des Kosmos" und beinhaltete das Unendliche im Sinne Wang Weis berühmter Verse „der Fluß rinnt hinter den Rand der Welt", der zur

131 Pagode gegen Abend, Chengde.

132 Freie Verteilung großer Steine aus dem See Taihu, die Grundlage eleganter Steinkompositionen. Dank dieser räumlichen Verteilung der Steine sticht ihre individuelle Schönheit hervor. Ge yuan, Yangzhou.

Inspiration von Generationen chinesischer bildender Künstler wurde.

Die Aufteilung des Raumes im chinesischen Garten entspricht grundsätzlich den gleichen Prinzipien wie in einer horizontalen Bilderrolle, die abgewickelt wird und die Grenze der Zeit und des Ortes überwindet. Als Beispiel dient Zhang Ziduans berühmte Rolle aus der Song-Zeit, „Feiertag der Reinheit und des Glanzes über dem Fluß", Qing ming shang he tu, wo eine Szenerie die nächste ablöst. „Im Bild" kann man stehen bleiben, schauen, wandern oder auch verweilen. Ein ähnliches Prinzip projiziert sich nicht nur in weiten Kaiser- und Klostergärten, sondern auch in größeren Privatgärten. Eines der hervorragendsten Beispiele einer solchen Konzeption ist der Inselgarten von Hangzhou, Drei Türme, an denen sich das Mondlicht bricht, San tan yin yue, wo entlang der Zickzackbrücke, die quer durch den Seengarten führt, die Szenerien wechseln, als ob sie im Raum zwischen Himmel und Wasser schweben würden.

Beim Aufbau eines Gartens war immer seine Abgrenzung, feng bi, ein gewichtiger Akt. Den Garten umgab eine Mauer, ein Zaun oder in seltenen Fällen ein Graben, wie z.B. bei dem Nanjing-Garten des Song-Reformators Wang Anshi. (6) Dieses Abgrenzen bedeutete jedoch nicht eine Ausschließung der äußeren Welt, sondern die Absonderung des Gartenraumes von der Umwelt. Sogar die ältesten Zeichen für Gärten oder Wildgehege auf den Opfertafeln von Shang enthielten das Radikal wei – Umgeben, Umschließen.

Die Kunst, einem so abgegrenzten Raum die Dimension des Unendlichen zu geben, war das Ergebnis philosophischer Erwägungen und Erkenntnisse, ausgeprägt im Strom der Tradition. Zur Verbesserung des Prozesses trugen die Fähigkeiten der chinesischen Handwerker bei, die Vorstellungen der Gartenbauarchitekten zu realisieren, ganz gleich, ob es Amateure oder Professionelle waren. Obwohl sich die Gärten im Genre unterschieden, hatten sie stets zwei sich gegenseitig ergänzende Komponenten: die szenische und die architektonische. Ihre Gliederung im Raum richtete sich nach einigen gemeinsamen Grundsätzen, so daß der Garten mannigfaltigen Inhalt und unentbehrliche geistige Dimensionen umfaßte. Da die Sehfähigkeit des menschlichen Auges begrenzt ist, hat man betont, daß es bereits von Anfang an wichtig ist, alles nicht nur mit dem Auge, sondern auch mit dem Herzen aufzunehmen. Zuerst wird immer der Entwurf erarbeitet und dann die Konzeption und ihre Realisierung durchdacht. In der Malerei und in der Kalligraphie wurde gesagt, daß der „Gedanke dem Pinsel vorsteht". (7) In der Gartenkunst waren solche Überlegungen besonders wichtig, denn es war bekannt, daß Änderungen im Garten schwieriger vorzunehmen sind als in einem Gedicht.

133 Die sich windenden Korridore verbinden die einzelnen Teile der Gärten und ermöglichen es, sie bei jedem Wetter auszunutzen.

Für große und kleine Gärten gilt der Grundsatz der harmonischen Beziehung zwischen dem Haupt- und dem Nebensächlichen. Das Nebensächliche soll das Hauptsächliche nicht übertönen, denn die Weisen wußten, daß „viele Wolken auch den Mond abschatten können". Die Gartenszenerie war die Hauptsache. Erst dann folgte die Architektur. Obwohl sich, wie daraus folgt, einzelne Teile der Komposition nicht gleichen, hat trotzdem ein jeder eine bedeutende Rolle. Die nebensächliche Komponente bildet den Hintergrund des Hauptsächlichen, so wie „der Gast dem Gastgeber folgt". (8)

Bei der Aufteilung des Raumes kommt die Regel zur Geltung: verdecken, was verdeckt werden soll, abteilen, was abgeteilt werden soll, aufteilen, was aufgeteilt werden soll. Der Garten soll Tiefe haben, soll durch das Geheimnis des mi oder you eingehüllt sein, damit überall eine Überraschung lauert, „daß etwas dort ist, wo man nichts vermutet, und im Gegenteil, daß nichts da ist, wo man annimmt, daß etwas sein könnte... Um das Nichtvorhandene als vorhanden erscheinen zu lassen, kommt man am besten an einer Stelle, wo der Weg zu Ende ist, durch eine plötzliche Wendung auf eine weite offene Fläche, oder man gelangt durch eine Tür aus der Küche eines Gartenhauses in einen weiteren Hof. Um aber Vorhandenes als nicht vorhanden erscheinen zu lassen, läßt man auf einen Hof, den man nicht betreten kann, eine Tür führen

134 Haus mit Garten am Lotossee. Holzschnitt, 19. Jahrhundert, San xi tang hua bao.

135 Gartenidylle mit Brunnen. Garten des Meisters der Fischernetze, Suzhou.

136 Der Ausgang aus einer Höhle im Steingarten. Garten des Meisters der Fischernetze, Suzhou.

137 Berg in Schale. Zeichnung eines japanischen Autors nach einer chinesischen Vorlage, 19. Jahrhundert.

und setzt Bambus und Steine davor. Dann ist es, als ob etwas da wäre, in Wirklichkeit aber ist nichts da..." schrieb Shen Fu. (9)

In gewissen Abschnitten soll der Garten ein Spannungsgefühl wecken, sogar ein Gefühl der Gefahr, wei. Das ist so, als würde man in eine dunkle Höhle steigen, aus der jederzeit einige Treppenstufen auf einen sonnigen Seestrand oder zu einer anderen anmutigen Stelle hinausführen können.

Ein erfahrener Kalligraph sagte, daß ein Bild und eben auch ein Garten „insoweit geöffnet sein soll, daß in ihn ein Pferd einsteigen kann, und insoweit geschlossen, daß auch an die entlegensten Stellen kein Wind dringen kann". Wenn eine Gartenszenerie diese Eigenschaften nicht besitzt, wirkt sie so fade, daß auch eine „bejahrte Kiefer in ihr ihre Kraft verliert". (10)

Weitere sich ergänzende und gleichzeitig auch gegensätzliche Doppelbegriffe sind die Beständigkeit, zheng, und die Wandelbarkeit, bian. Qualität der Beständigkeit haben vor allem Bauten, besonders die, die zum Wohnen bestimmt waren. Sie stellen gewisse Stützpunkte des Gartens dar, während die Aufgabe der Gartenszenerien und

kleiner Bauten im Einbringen der Änderung, bian, in die Komposition besteht. Durch Wechsel dieser Verbindungen entstehen gewisse „Kapitel", die in gegenseitiger Beziehung stehen, und der Raum macht auf diese Weise einen kompakten kontinuierlichen Eindruck.

Zur optischen Vergrößerung des Gartens trägt die Kunst des Aufdeckens, lu, und des Zudeckens, chang, bei. Das bezieht sich auf die szenische und auch auf die architektonische Komponente. So wird die Szenerie durch Berggipfel überdeckt, der Pavillon kommt nur langsam zum Vorschein, der Pfad verschwindet hinter der Windung, um erneut aufzutauchen. Vieles bleibt unausgesprochen, und es besteht genügend Platz für das Vorstellungsvermögen. Für das bessere Begreifen eines solchen Vorganges wird gewöhnlich als Beispiel ein Bild mit dem Thema „Altes Kloster tief in den Bergen" angeführt. Man sieht hier nur Berggipfel und einen Pfad, auf dem ein wassertragender Mönch hochsteigt. Das Kloster sieht man auf dem Bild jedoch nicht.

Eines der bedeutenden Mittel, um den Raum des Gartens zu erweitern, ist eine ausgeliehene Szenerie, jie jing. Soweit der Ausblick unschön ist, deckt man ihn zu. Ist er jedoch herrlich, nutzt man diesen Vorteil, rät Ji Cheng. Es stört nicht, ob er weit ist oder nur in die Nähe reicht, ob sich in der Ferne blaue Berge erheben oder ob man in der

138 Pavillon der Ewigen Jugend, Tusche-Tafel, Shi Gufeng. Kleine Bauten bereicherten große Gartenkomplexe durch ihren Sinngehalt.

139 Steinkomposition mit Pavillon, Garten Yi yuan, Suzhou.

141 Westlicher See mit Brücke, im Hintergrund eine geliehene Gebirgsszenerie. Hangzhou.

140 Guo Xi: Landschaft mit einer Gartenvilla. Song-Dynastie, Gu gong, Beijing.

nächsten Nachbarschaft zinnoberrote Tempelmauern sieht... Wenn es gelingt, bedeutet es, daß man befähigt ist, den Garten dem Terrain anzupassen. (11)

Von Leihgaben wird, wie in der Malerei, am meisten die weite Szenerie, yuanjie, geschätzt. Wenn man das Glück hat, eine weite Szenerie auszuleihen, setzt Ji Cheng fort, wandern unsere Gedanken zum Horizont der Welt des Staubes und man hat das Gefühl, als ob man durch das Bild wandert.

Der Professor Zheng Congzhou spricht davon, daß die Kunst der weiten Szenerie in der Gartenarchitektur die gleichen Gesetze hat wie die Malerei: „Man soll nicht den Fuß entfernter Berge sehen, die Baumwurzeln im Wald oder den Schiffsrumpf." (12)

Das typische Beispiel einer geliehenen Szenerie ist das Westgebirge, auftauchend hinter dem Hügel der Langlebigkeit in Yi he yuan.

Während eine entfernte Szenerie Ausblick bietet, die transzendentalen Gefühle weckt, ist die nahe ausgeliehene Szenerie, jin jie, die man auch oft nutzt, klar und deutlich, in unserer Reichweite.

Ins Detail durchgearbeitete Arbeitsmethoden mit dem Raum wurden ein bedeutender Bestandteil des ästhetischen Codes.

Wie gern würde ich deine Kiefern
kaufen und pflanzen,
auch wenn sie bereits
durch Staub leicht bedeckt sind.
Aber ach ...
Ich habe keinen Platz ...

Bai Juyi

Gärten der Literaten

143 Blüten und Vögel auf einer Stickerei von Suzhou.

Die chinesischen Gärten spielten gemeinsam mit der Landschaftsmalerei, der Poesie und Kalligraphie im Leben der Menschen, besonders der Intelligenz, eine Rolle, die man in der Weltkultur als einzigartig bezeichnen kann. Der Aufschwung begann in der Song-Dynastie (960 bis 1279) und dauerte bis zum Anfang der zweiten Hälfte der Qing-Dynastie (1644 – 1911).

Gegenüber den zurückliegenden Etappen, als das Erkennen der Gärten insbesondere literarische Werke und Arbeiten der Kunstmaler vermittelten, erhielten sich besonders aus der zweiten Hälfte dieses Zeitabschnittes schon echte Gärten, ob in ursprünglicher oder rekonstruierter Form, nicht nur in großen Kulturzentren, sondern auch in den restlichen Teilen Chinas.

Die Entwicklung aller Gartengenres vollendete sich. Unter ihnen ragten private Gärten der Literaten, wenren yuan, deren Ästhetik schrittweise auch die Kaiser- und Klostergärten beeinflußte, hervor.

Es bildeten sich künstlerische Linien heraus, der philosophische Inhalt vertiefte sich und verband sich mit der Form, die Realität mit dem Geistigen.

Die Gärten entwickelten sich im engen Einklang mit der Landschafts-

144 Qiu Ying (1522 – 1560): Dichter im Pfirsich- und Birnengarten in einer Frühlingsnacht. Das Bild hält die Song-Atmosphäre fest. Faksimile, Ming-Dynastie, Privatsammlung.

142 Stiller Winkel mit einem kleinen See. Kloster Dongshan am See Taihu.

145 Bibliothekar der Klosterbibliothek mit der Aussicht in den Garten, Suzhou. Die Bibliotheken bildeten einen bedeutsamen Bestandteil der Gartenauffassung der chinesischen Literaten.

malerei, und ihr Raum oszillierte durch poetische Imagination. Das ausgeprägte hochelegante Muster eines Songschen Literatengartens, der den geistigen Bedürfnissen der Intelligenz entsprach, wurde nach und nach „volkstümlich". Er wurde zur Grundlage bürgerlicher Gärten und verbreitete sich aus der Jiangnan-Region über ganz China, wo er sich im Einklang mit örtlichen Bedingungen veränderte.

Die Anzahl von Privatgärten überwog in dieser langen Zeit bei weitem die Anzahl der Kaiser- und Klostergärten. Eine große Bedeutung hatte die Kreation der Szenerien in Schalen, shanshui penjing, die ein ästhetisches und künstlerisches Erlebnis auch den vielen Menschen vermittelten, die keinen Garten besaßen.

Diese Entwicklung war durch hohes Niveau der Pflanzenkenntnisse, handwerkliche Fertigkeit der Gärtner und aller, die sich mit ihrer Hände Arbeit und durch ihr Kunstverständnis am Bau der Gärten beteiligten, gekennzeichnet. Es entstanden auch theoretische Arbeiten, die die Erfahrungen früherer Generationen zusammenfaßten und auswerteten.

Die Eleganz Songscher Literatengärten sprach erneut den Sinn der Japaner für Sublimation der Schönheit der Natur in einfachen Formen mit tiefem inhaltlichem Hintergrund an und beeinflußte die Entwicklung ihrer Gärten.

Die Song-Zeit war, was die Geschmacksformung betrifft, der Höhepunkt der chinesischen Kultur. Sie widerspiegelt sich in der Poesie, Kalligraphie, Architektur und auch in der Gestaltung der Gärten, und ist mit Persönlichkeiten wie Su Shi, Ouyang Xiu, Mi Fei, Sima Guang und weiteren verbunden.

Die Intelligenz erfreute sich in der Song-Zeit allgemeiner Verehrung, und unter den staatlichen Beamten gab es viele, die in einer oder in mehreren Kunstrichtungen hervorragten. Auch die Kaiser waren nicht nur Schutzherren der Kultur, einige widmeten sich, meist zu ungunsten der Herrscherpflichten, künstlerischer Tätigkeit. (1)

In dieser Umgebung entstand in der Malerei, Kalligraphie und auch in der Gartenkunst der spezifische Stil, genannt der Literarische, wenren shi, der ein abgeschlossenes ästhetisches System bildet. Diese Art des Schaffens war für die Intelligenz der Weg zur Aktivierung aller Kräfte des Seins, zur Befreiung von den Fesseln des Konventionellen. Das alles war bedingt durch jahrelange Disziplin und Beobachtung der Natur. Die Gebildeten, die Fortsetzer der Tang-Traditionen, beeinflußt durch den Daoismus und den Buddhismus, steuerten vom Äußeren zum Inneren, zur Schaffung des geistigen Raumes, in dem es möglich war, sich in abgegrenzter Umgebung „zu bewegen, dort zu verweilen und zu meditieren", und das übertrugen sie in ihre Bilder und Gärten. (2)

„Verleidet durch Staub und Getöse dieser Welt", schrieb der Maler Guo Xi (1020 – 1090) in seinem „Hymnus über Wälder und Quellen", Lin quan gao zhi, „lieben

146 Pfingstrose, Motiv auf Webware, Tang-Dynastie. Die Zeichnungen der Blüten waren auf Dachstühlen der Korridore, an den Wänden und auf den Webwaren üblich.

147 Beim Sammler von Landschaftsmalereien. Holzschnitt, 18. Jahrhundert.

sie die Landschaft, die ihnen zur Züchtung eines reinen Charakters dient, die unumstößlichen Gesetze erlauben ihnen jedoch nicht, die Gesellschaft zu verlassen. Ihre Sehnsucht nach der Natur ist trotzdem so stark, daß sie auch im Traum zu Mitläufern der Wolken und Sonnenstrahlen, des silbrigen Nebels der Berge werden. Heute gibt es Meister, die durch ihre Kunst alles zu schaffen vermögen, wonach ihre Seelen schmachten." ([1])

Dieses Postulat erfüllte nicht nur die Landschaftsmalerei, sondern auch die Gärten der Gebildeten, denen es schwerfiel, sich von den Fesseln des Alltags zu befreien und sich in die Abgeschiedenheit, in die Berge, zurückzuziehen. Sie durchlebten das gleiche Dilemma wie die Tang-Intelligenz. Sie lösten es mit dem einzigartigen Medium, mit den Gärten, freilich Gärten in ihrer Interpretation mit geistigem Inhalt.

Im dreidimensionalen Raum der Gärten harmonisierte das tägliche Leben mit ästhetischen und philosophischen Erlebnissen, der Widerspruch zwischen Innen und Außen. Man konnte „vor sich sehen" und meditieren, wang, spazieren, xing, wandern, you, auch wohnen, ju, wie im Raum der eigenen Seele.

Die Literatengärten knüpften an Zufluchtsorte in den Bergen in freier Natur an, auch an Gärten der Tang-Künstler und Dichter, wie z.B. Wang Wei und Bai Juyi. Ihre Schöpfer nutzten jedoch durchdachte Kompositionsmittel aus der Malerei, und ihre Gärten, obwohl ursprünglich künstlerische Schöpfungen, die „der Natur ähnelten", waren, wie die Chinesen sagten, „wie die Natur selbst" und ermöglichten gleiche Erlebnisse wie das Verweilen tief in den Bergen.

Gärten diesen Typs entstanden vor allem in den Regionen Jiangnan. Eine sehr lange Gartentradition hat die Stadt Suzhou, in der Song-Zeit Pingjiang genannt, in der Provinz Jiangsu. Sie liegt an den Ufern von Kanälen, derer es, wie ein Tang-Dichter schrieb, „mehr gibt, als man zählen kann", und von jeher sprach man von ihr als dem „Paradies auf Erden". Eine lebhafte Vorstellung darüber, wie diese Stadt in der Song-Zeit ausgesehen hat, kann man sich nach dem „Plan" machen, der im Jahr 1229 in einen Stein gemeißelt wurde und wo Kanäle eingezeichnet sind, die die Stadt von Nord nach Süd und von Ost nach West durchkreuzten und die mehr als 350mal überbrückt wurden. In diesem Netz von Kanälen und in den parallel mit ihnen verlaufenden Gäßchen findet man zehn Gärten.

Der älteste, nach vielen Rekonstruktionen erhalten gebliebene Garten des Literatentyps ist der Pavillon der Grünlichen Wellen, Cang lang ting. Im Jahr 1044 suchte dort Su Shunqing Zuflucht, nachdem er sein Amt verließ, um sich

148 Huizong (Kaiser und Maler): Hören von Zithermusik, Gu gong; Beijing, 12. Jahrhundert.

149 Bootsanlegeplatz und Eingangstor in den Westgarten, der auf den Überresten eines anderen Gartenwerkes im 13. Jahrhundert angelegt wurde. Im 19. Jahrhundert wurde er zum Klostergarten. Suzhou.

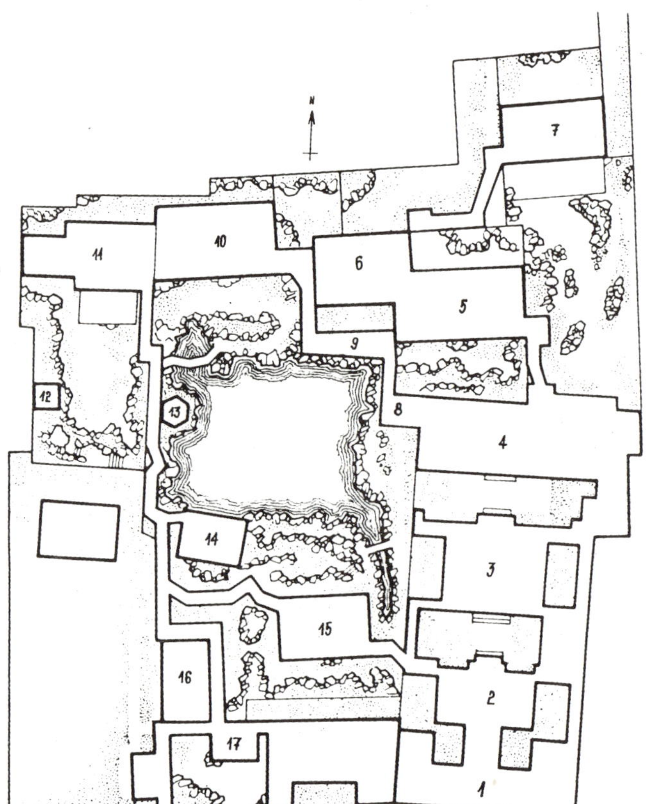

150 Plan des Gartens des Meisters der Fischernetze.

1 Haupttor
2 Vorsaal
3 Großer Saal
4 Haus der Blumen
5 Bibliothek der Fünf Gipfel
6 Arbeitsraum der Konzentrierten Leere
7 Einsiedlerhütte
8 Gang für die Entenjäger
9 Veranda des Geneigten Bambusastes
10 Haus der Beobachtung der Kiefern und der Betrachtung der Bilder
11 Hütte des Spätfrühlings
12 Pavillon der Kalten Quelle
13 Pavillon des Aufgehenden Mondes und des Sich erhebenden Lüftchens
14 Pavillon über dem Wasser
15 Haus des Kleinen Hügels mit einem Zimtbaumhain
16 Haus der Erreichten Harmonie
17 Musikeinsiedelei

151 Brücken in Suzhou, Dekor auf lackiertem Tablett.

hier „der Anmut erfrischender Lüftchen, des klaren Mondes und der Stille inmitten des Lärmes" zu erfreuen, wie er es in seinen Aufzeichnungen, gewidmet diesem Garten, schrieb. Aus diesen Notizen erfährt man auch, daß es hier nach dem Umbau durch den Inhaber Seen gab, künstliche Berge und Bambushaine. Die Gelehrtenatmosphäre wird bereits durch seinen Namen ausgedrückt, der ein Teil eines Zitats von Mencius ist: „Wenn das Wasser des Flüßchens Cang lang sauber ist, wasche ich darin die Bänder meiner Kappe, wenn es getrübt ist, wasche ich darin meine Beine." (4)

Diese Worte wurden so ausgelegt, daß sich der Gelehrte durch die Situation im Land leiten ließ. Wenn die Regierung ehrenvoll ist, bekleidet man sein Amt, symbolisiert durch die Bänder der Beamtenkappe. Wenn sie schlecht ist, geht man besser in die Abgeschiedenheit.

Die Gartenatmosphäre machte tiefen Eindruck auf Sus Zeitgenossen, den bekannten Gelehrten Ouyang Xiu, der den Garten im Jahr 1048 besuchte und folgende Verse schrieb:

Frischer Wind,
leuchtender Mond,
was für eine Schönheit.
Ein naher See,
entfernte Berge,
was für ein Erlebnis... (5)

Ähnlich baute sich, als sich in dem nördlichen Song-Reich „das Wasser trübte", der Historiker Sima

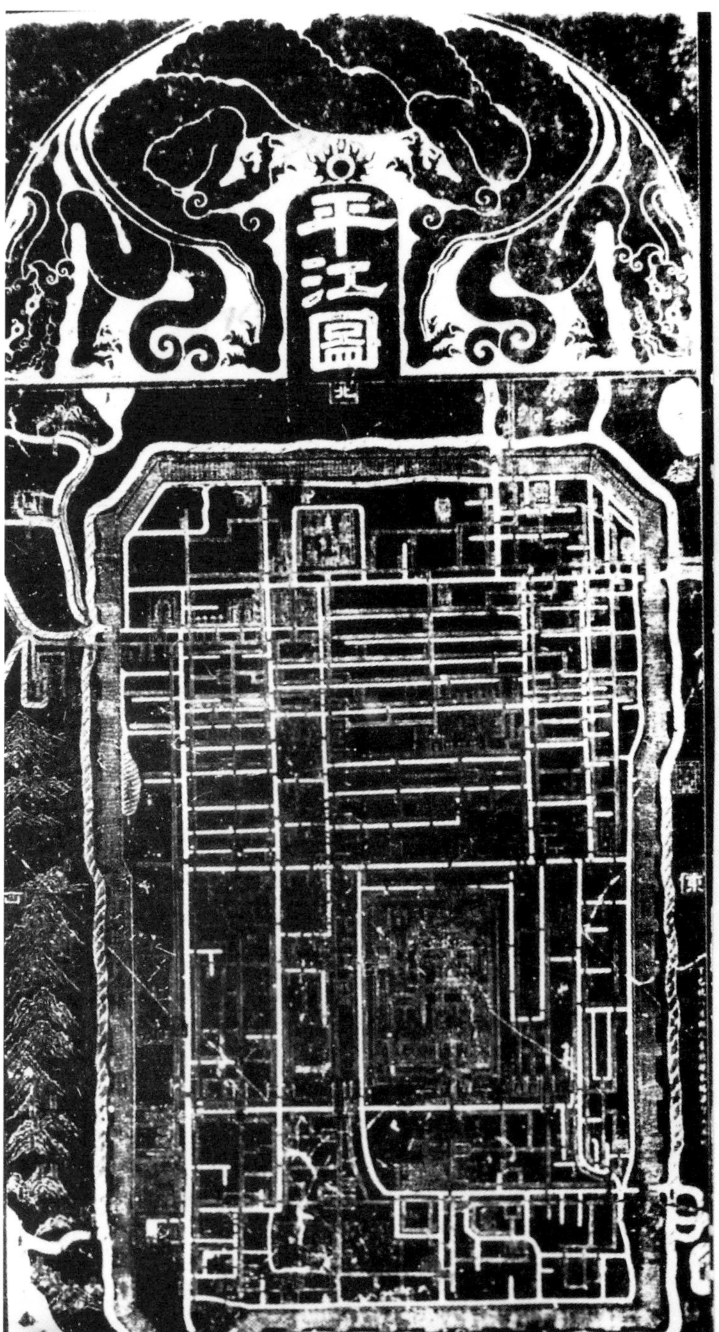

152 Stadtplan von Pingjiang, dem heutigen Suzhou; Steinstich aus dem Jahr 1229.

Guang (1019 – 1086), der den Kaiserhof verließ, um seinen Protest gegen die Politik des Reformators Wang Anshi kundzutun [6], seinen Zufluchtsort auf. Es war der Garten der Einsamen Freuden, Du le yuan, nicht weit von Luoyang, wohin er sich zurückzog, um sein monumentales Werk, „Allgemeiner Hilfsspiegel für die Regierung", Zi zhi tong jian, fertigzustellen. Seine tiefe Beziehung zum Garten schilderte er in seinem prosaischen Essay und auch in der „Sammlung der sieben Gedichte", Du le yuan qi ji. Später malte der Maler Qiu Ying (1494 – 1552) auf einem farbigen Rollenbild die idealisierte Ansicht des Gartens der Einsamen Freuden.

Sima Guangs nicht allzugroßer Garten, er maß annähernd 20 mou, war sinnvoll schlicht, und zu seinem Zentrum wurde die Bibliothek, die fünftausend Bände beinhaltete.

Vor der Bibliothek lag ein See, in den das Wasser des Flüßchens, das in fünf Arme geteilt war, mündete, so daß sie einer Tigerpranke ähnelten, um zuletzt in zwei Strömen unter die Erde zu tauchen, wieder hervorzukommen und weiter ihren Weg fortzusetzen. Sima Guang nannte diese bezaubernde Szenerie „das Spiel mit dem Wasser". Auf einer der Inseln wuchs Bambus, dessen Schäfte oben so zusammengebunden waren, daß sie eine sogenannte „Fischerüberdachung" bildeten.

Der Historiker züchtete in seinem Garten auch luoyangische Königinnen der Blumen, Strauchpfingstrosen, deren stolze Herr-

153 Sima Guang, Politiker, Historiker und bedeutender Gärtner der Song-Dynastie.

154 Penjinggarten am Tigerhügel. Garten der Zehntausend Aussichten, Suzhou.

lichkeit mit dem kleinen Feld der Heilpflanzen stark kontrastierte.

Während des Baus des Gartens war Sima Guang im Geist ständig bei seinen Lieblingsdichtern aus vergangenen Zeiten, Tao Qian, Du Fu und Bai Juyi, deren Verse seine Pavillons zierten.

Das alles bildete den persönlichen Inhalt des Gartens, in dem die Realität mit dem Geistigen verbunden war, die Fülle mit der Leere. Am besten erfaßte es der Schöpfer des Gartens selbst, als er schrieb: „Wenn mein Geist und Körper ermüdet sind, kann ich die Angelschnur ins Wasser werfen und Fische fangen, in meinen Rock süße Kräuter sammeln..., ein wenig Bambus ernten, meine Hände in lauem Wasser waschen, auf einen Berg steigen, schauen, bis wohin das Auge reicht, im Geist umherwandern, alles, wie ich es im Augenblick will. Der klare Mond taucht am Firmament auf, wenn seine Zeit gekommen ist, eine frische Briese weht, wenn es ihr einfällt. Nichts hat mich im Griff, nichts drängt mich. Die Ohren, Augen, die Lungen und alle inneren Organe sind unter meiner Kontrolle... Ich weiß nicht, welches andere Vergnügen zwischen Himmel und Erde dies alles ersetzen könnte. Deshalb habe ich das hier den Garten der Einsamen Freuden genannt." (7)

Die herrlichsten Augenblicke, verlebt in Gärten, waren kurz, vergänglich, dabei jedoch ewig, überdauerten „Tausende Herbste", wie später der Gartenmeister Ji Cheng schrieb. Manche Örtlichkeit oder Szenerie in den Literatengärten wurde deshalb berühmt, weil sie die wirkungsvollste unter gewissen Umständen war, zu gewissen Jahres- oder Tageszeiten, wie das Spiegelbild des Mondes im See von Hangzhou, der Nebel feinen Regens über vier Brücken in einem der Gärten von Yangzhou oder die

156 Qiu Ying: Garten der Einsamen Freuden. Er wurde vom Historiker, Politiker und Liebhaber der Gartenkunst, Sima Guang, erbaut. Eine Besonderheit sind geometrische Beete und der Zaun aus Heilpflanzen. Faksimile, Paravent, Ming-Dynastie.

155 Ein steigender und abfallender Korridor nahe der Seeoberfläche schafft den Eindruck des Schreitens über den Wasserspiegel. Garten des Bescheidenen Politikers, Suzhou.

157 Bambusse im Wind, Steindruck, Song-Dynastie (?). Bambusse waren immer eine Grundlage des chinesischen Verständnisses sowohl der Landschaften als auch der Gärten.

158 Eine Komposition mit Bambus und schlanken vertikalen Steinen. Garten Ge yuan, Yangzhou.

Schneeüberreste auf einer Brücke in Suzhou, wo doch der Schneefall so selten war.

So entstanden gemeinsam mit der Landschaftsmalerei im Stil xie yi, „Schreiben des Sinns", die Gärten der Intelligenz, die den Sinn der Sache erfaßten, im Unterschied zu szenischen Gärten der Tang-Literaten.

In der Song-Zeit dienten unter anderem auch der sorgsam gewählte Name des Gartens und die Bezeichnungen einzelner Szenerien und Gebäude der Vervollständigung der Gartenatmosphäre.

Durch ihre Gärten äußerten die Schöpfer, meist gebildete Amateure, nicht nur ihre Emotionen, sondern auch die Tiefe ihres Bildungsstandes.

Zu einer größeren Vollkommenheit der Song-Gärten trugen auch die sich ständig erweiternden botanischen Kenntnisse bei, die Vorliebe für seltene Pflanzen, ihr Sammeln und Züchten. Dies unterstützte besonders der Nordsong-Kaiser Huizong, hervorragender Kalligraph, Maler und Gärtner, der später auch den japanischen Kaisern zum Vorbild wurde, wie z.B. Gomizuno-o (1596 – 1680) und seiner Gemahlin, die sich in die Abgeschiedenheit zurückzog, nur um ihren Garten zu pflegen. Auch Huizong widmete seiner künstlerischen Vorliebe mehr Zeit als der Verwaltung des Reiches.

161 Ausstellung einer Reihe von Bildern mit Bambusmotiven, die im Garten Wang jiang lou gezüchtet werden. Auch in der Vergangenheit haben hier Maler Bambuswinkel gemalt. Chengdu.

159 Verglaste Fensterrahmen. Verzierte Rahmen mit Gittern an Fenstern wurden zum bedeutsamen Bestandteil des Gartenbaus. Garten des Meisters der Fischernetze, Suzhou.

160 Schlanke Bambusschäfte mit eleganten Blättern wurden in Gärten stets wegen ihrer Schönheit, Festigkeit und Elastizität und auch wegen ihres philosophischen und ästhetischen Sinns sehr bewundert.

162 Die runde Tür in der Innenmauer eines Gartens ist ein bemerkenswertes kompositorisches Element. Die Mauer trennt oft den Garten nach unterschiedlichen Themen. Türen des gleichen Typs sollen sich im Garten nicht wiederholen. Der Garten der Freude, Yi yuan, mißt 0,5 ha und entstand im 19. Jahrhundert. Er enthält einige Elemente, die man auch in anderen Gartenanlagen vorfindet. Der Lotossee erinnert an den Garten des Meisters der Fischernetze, und das verankerte Steinschiff wurde in gleicher Weise wie Schiffe in anderen Gärten erbaut. Yi yuan, Suzhou.

Während an der Nordgrenze Chinas eine Situation entstand, die immer drohender einen feindlichen Überfall anzeigte, vertiefte sich Huizong in Genüsse der Schönheiten, die er selbst schuf und die bis ins letzte Detail seinem Geschmack entsprachen. Mit leidenschaftlichem Engagement, das an Besessenheit grenzte, baute er in seiner Hauptstadt Bianliang – dem heutigen Kaifeng – in den Niederungen am Ufer des Gelben Flusses Gärten, die die Illusion einer weitgegliederten südchinesischen Landschaft hervorriefen.

Ein klassisches Beispiel des ausgewogenen Sinnes für Proportionen und gleichzeitig des handwerklichen Könnens war der künstliche See des Goldenen Glanzes, Jin ming chi, mit einer harmonischen Konzentration von Pavillons mitten auf der rechteckigen Wasserfläche mit überdachten Galerien, die mit dem Ufer durch eine zarte, zum Bogen aufgerichtete Brücke verbunden waren. Das alles hat zum Glück in ungemeiner Genauigkeit einer der damaligen Maler „der Pavillons und Paläste" mit seinem Pinsel festgehalten, denn im Verlauf bewegter Schicksale der nordsongischen Hauptstadt fiel dieses Kleinod chinesischer Gartenkunst der Zerstörung zum Opfer.

Die größte Gartenarbeit des Kaisers Huizong war der Kaiserpark, der in fünf Jahren (1117 – 1122) entstand. Ursprünglich hieß er Wan shou shan, Berg der Zehntausend Jahre, dieser Name wurde später in Gen yu, Undurchdringlicher Berg, und endlich in Hua yang guan, Palast des Glänzenden Lichtes, umbenannt. Fünf Jahre später wurde dieses Werk vernichtet.

Huizong beschrieb den Garten in seinen „Aufzeichnungen über den Aufbau des Gen yu". Außer ihm hinterließ auch der Mönch Zi Xiu eine Nachricht über ihn. Er schrieb, hier sei die gesamte

163 Gartenszene aus Wang Shifus Drama „Geschichte des westlichen Gemachs", Xi xiang ji, 13. Jahrhundert. Zeitgenössische Webware, Suzhou.

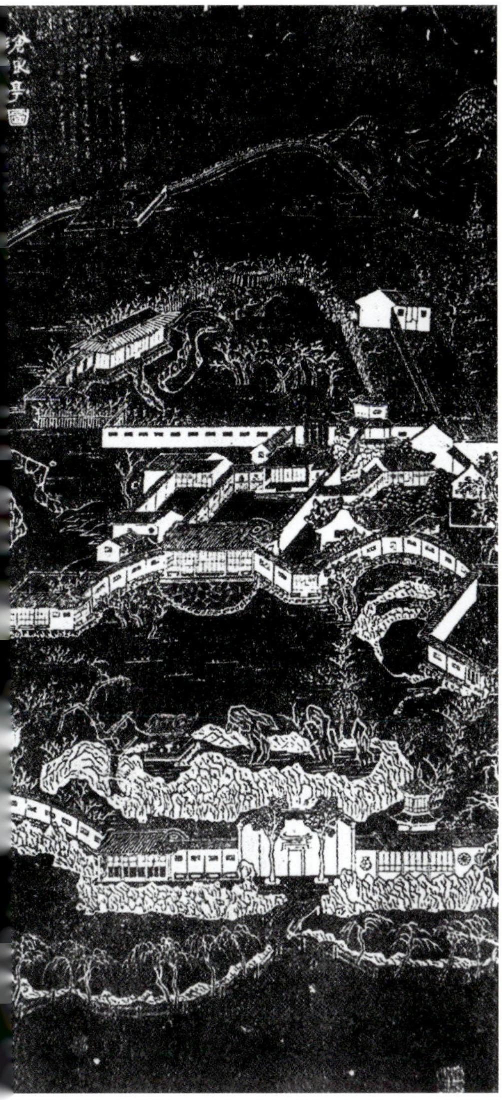

Schönheit des Reiches und alles Wertvolle vergangener und gegenwärtiger Zeiten angesammelt und konzentriert. ([8])

Im Garten war in vielen Formen das Han-Prinzip des „Sees und der drei Berge" entwickelt. Der Raum wurde mit erfinderischer Meisterschaft zergliedert. Die Arbeit mit Wasser und Stein erreichte einzigartiges Niveau und beeinflußte spätere Gartenbildungen. Der Garten war nicht nur betont kaiserlich, sondern auch ein Träger des Sinnes, hatte die Qualität you, Verborgenheit, schweigend vorausgesetzte Dinge, Vagheit, die durch die Kombination der Gegensätze entsteht. Obwohl er in der Ebene errichtet wurde, entwickelte er die Illusion einer Gebirgslandschaft, belebt durch Flüsse und sogar durch einen Wasserfall, der durch einen besonderen Mechanismus in Gang gesetzt wurde. Auch die Architektur der Bauten, Pavillons, Bibliotheken und Studierräume, entsprach dem Gesamtgepräge des

164 Garten des Pavillons der Grünlichen Wellen, Cang lang ting, in Suzhou. Steinstich, Song-Dynastie.

166 Ort für ewig junge Unsterbliche im südlichen Teil des Gartens Yuan ming yuan, Beijing. Tusche-Tafel, Shi Gufeng.

165 Zhang Ziduan: Wettkampf der Drachenboote, Detail aus dem gleichnamigen Bild, Song-Dynastie.

167 Zhang Ziduan: Die Brücke zur Insel. Detail aus dem Bild „Wettkampf der Drachenboote", Song-Dynastie.

168 Die Eiserne Pagode aus dem Jahr 1049, Höhe 55 m. Sie war eine bedeutsame architektonische Dominante der nordsongschen Hauptstadt Bianliang, des heutigen Kaifeng, berühmt durch seine Gärten.

169 Jiashan – ein „künstlicher“ Berg in Schale ruft die Vorstellung eines Bergmassivs hervor.

Gartens und dem Geschmack des Kaisers.

Huizongs große Vorliebe waren Steine, und deshalb beauftragte er den Gartenarchitekten Zhu Mian und dessen Sohn aus Suzhou, nach seinen Instruktionen Steine aus dem See Taihu, unweit von Suzhou, auszuwählen, die phantastische Formen und durch Wasser ausgehöhlte Öffnungen haben sollten. Huizong wandte enorme Mittel auf, um diese natürlichen Skulpturen mit Schiffen bis ins entfernte Bianliang zu befördern. Deren Transport war nicht einfach. Man konnte den Abbruch von Brücken, an manchen Stellen auch von Stadttoren und -mauern nicht vermeiden. Die Menschen nannten diese Schiffe „Netze für Blumensteine", huashi gang. Auf des Kaisers Befehl mußten diejenigen, die sie begleiteten, für jede Pflanze Sorge tragen, die zufällig aus einem Spalt sprießte. Einige der Steine waren jedoch so groß, daß es trotz aller Anstrengung nicht möglich war, sie an Ort und Stelle zu bringen, sie blieben in Suzhou oder irgendwoanders, wie z.B. der Stein „Berggipfel durch Wolken verhüllt", Guan yun feng, im Suzhou-Garten Liu yuan.

Ein treffender Ausdruck des Gefühls Huizongs für Proportion und Atmosphäre des Augenblicks ist das Bild „Anhören einer Zither", Ting qin, das er malte. Es ist ein Selbstbildnis, wie er im Garten unter einer Kiefer Zither spielt. Diese Kombination hat einen tieferen Sinn. Das Rauschen des Geästes dieses Baumes assoziierte man in China schon immer mit Zitherklängen, was in diesem Fall eine wichtige Rolle spielt. Es ist nachgewiesen, daß die chinesischen Kaiser, obwohl sie prunkvolle Paläste bauten, um die Untergebenen zu blenden und ihre Macht auf diese Weise kundzutun, in den Gärten etwas ganz anderes suchten: Ruhe, Eleganz, Stille und Harmonie mit der Natur. Damit kamen sie den Literatengärten näher.

Huizong starb in Gefangenschaft, weit von der Heimat entfernt, neun Jahre nach der Besetzung der Hauptstadt durch seine Feinde.

Der Kaiserhof der Songs floh nach der mongolischen Invasion nach Südchina, hinter die Wasserscheide des Langen Flusses, wo der Kaiser nach längerem Suchen als neue Hauptstadt Hangzhou wählte, das damalige Linan an der Küste des Westlichen Sees, Xihu. Zur Regierungszeit der Süd-Songs (1127 – 1279), die 150 Jahre dauerte, entwickelte sich unter idealen Bedingungen dieser reichen und schönen Gegend die Kultur, in der sich nördliche und südliche Elemente vermengten. In der Hauptstadt entstanden schnell Paläste, daoistische und buddhistische Tempel und Residenzen hoher Beamter, die von Gärten umgeben waren. Sie erstreckten sich in der Nachbarschaft des Westlichen Sees, und in Verbindung mit ihm hatten sie eine zauberhafte Ausstrahlung. Deshalb sagte man von Hangzhou, ähnlich wie von Suzhou, es sei das Paradies auf Erden.

Vor allen Städten wurde jedoch Suzhou durch die Eleganz der Literatengärten berühmt, nicht nur in der Zeit der Song-Dynastie, sondern auch in der Zeit der Herrschaft späterer Dynastien. Auch

170 Pavillon mit Etage. Garten Guyuan, Shanghai. In Steingärten dieses Typs wurden Kunsthöhlen gebaut und dadurch das Gefühl „des Geheimnisvollen" und des Kontrastes zwischen dem Schatten und dem Licht gebildet.

171 Steine aus dem See Taihu, konzentriert dicht an der Seeoberfläche, entwickelten zusammen mit Bäumen die Vorstellung von Gebirgen, vervielfacht durch ihre Spiegelung im Wasser. Garten Löwenhain, Suzhou.

heute noch ist sie ein kostbares Museum der Gartenkunst.

In der Stadt wurde es zur Gewohnheit, daß auch Gaststätten, große Handelsniederlassungen und Regierungsgaststätten von Gärten umgeben waren. Unterkünfte für Reisende existierten in China bereits seit der Zhou-Dynastie (11. Jahrhundert v. Chr.). Sie unterschieden sich dadurch, für wen sie bestimmt waren, ob für Staatsbeamte, für fremde Gäste oder für

172 Gartenkompositionen aus Steinen drücken in südchinesischen Gebieten die örtlichen Naturszenerien aus.

rückliegende Zeit bewundernswerten Institution Ruhe und Erholung.

Der gebildete Fan Zhongyan gründete für sich einen Landsitz mit Garten auf den Hängen des Berges Tian pingshan, unweit der Stadt. Er nannte ihn den Garten auf den Höhen, Gao yi yuan. Der Garten bestand aus Pavillons und einigen weiteren architektonischen Elementen, verteilt auf dem Berghang. Diesen Ort kann man auch gegenwärtig besuchen.

In der Zeit der Song-Dynastie war das Züchten von Blumen und Bäu-

173 Gartenwand mit Fenstern mit Ziergittern. Westgarten, Xi yuan, Suzhou.

gewöhnliche Wanderer. Über diese Herbergen schrieben Dichter wie Du Fu, Yuan Zhen (779 – 831) und andere. Die Regierungsgaststätten von Suzhou waren im westlichen Teil der Stadt konzentriert. Im Songschen Plan von Suzhou ist die Gaststätte Gusu guan eingezeichnet. Sie stand auf einem idealen Platz, abgegrenzt von einer Seite durch Stadtmauern, andererseits durch einen Kanal, so daß die erhabenen Gäste, meist hohe Staatsbeamte, direkt vom Schiff, mit dem sie ankamen, eintreten konnten.

175 Einer der großen Steine aus dem See Taihu, den der nordsongsche Kaiser Huizong für seinen Garten in der Hauptstadt bestellt hat. Der Stein konnte wegen seiner Größe nicht weiter befördert werden und blieb auf dem Weg liegen. Liu yuan, Suzhou.

174 Ouyang Xiu, der songsche Dichter, Politiker und Gärtner.

Auch das erste chinesische Institut für höhere Bildung, das in Suzhou der Song-Politiker, Reformator und Dichter, Fan Zhongyan (989 – 1052), gegründet hatte, umgab ein Garten. Er gewährte den Studenten der für diese weit zu-

men beliebt. Es ist bekannt, daß der berühmte Gärtner von Suzhou, Chu Mian, von dem bereits die Rede war, eine Sammlung von einigen tausend Strauchpfingstrosen angelegt hatte. Auch der bekannte Fan Chengda (1126 – 1194), Beamter, Botaniker und Dichter, bekannte sich nicht nur zur Botschaft des Dichters Tao Qian, „Rückkehr zu Feldern und Gärten“, sondern er selbst beschäftigte sich mit botanischen Forschungen. Nach Abschluß seiner Beamtenlaufbahn zog er sich in den Schatten zurück, außerhalb

176 Li Gonglin: Begegnung von Gelehrten im Westgarten. Detailzeichnung. Der Mann mit der hohen schwarzen Mütze am Tisch ist der Dichter Su Shi. Song-Dynastie, 11. Jahrhundert.

der Stadtmauern von Suzhou. Hier gründete er in den Bergen einen Landsitz mit einem Naturgarten und benannte alles „Hütte am steinernen See", Shihu bieshu. Unten lag der See mit schwimmenden Kähnen, in der Ferne zeichneten sich Berggipfel ab. Es war eine Szenerie „wie ein Bild", wie seine Zeitgenossen sagten, und nur wenige könnten sich etwas Schöneres wünschen. Hätten wir die Gelegenheit gehabt, ihn irgendwann um das Jahr 1186 zu besuchen, hätten wir ihn dabei gefunden, wie er verschiedene Arten von Pflaumenbäumen, die er anscheinend als erster aus unterschiedlichen Teilen Chinas zusammentrug, züchtet. Im gleichen Jahr beendete er seine „Manuale über die Pflaumenbäume", Mei pu, das älteste Buch der Welt, das diesem Thema gewidmet wurde. Er war auch der Autor der „Manuale über Chrysanthemen", Ju pu. (9)

Song-Gärten in freier Natur – manchmal reichte ein winziger Pavillon – waren Stätten häufiger Zusammenkünfte von Freunden in gleicher Atmosphäre wie das Treffen im Orchideenpavillon im 4. Jahrhundert. Über eines schrieb der Song-Dichter Ouyang Xiu (1007 – 1072) ein liebenswertes Essay, genannt „Pavillon des alten Trinkers", Zuiweng ting. Es spielte in der heutigen Provinz Anhui, in der Nähe des Städtchens Chu. Ouyang Xiu wurde hierher im Jahr 1046 strafversetzt, und er schrieb über sich mit Sinn für Humor als vom „alten Zechbruder", obwohl er erst 45 Jahre alt war.

Mit Freunden traf er sich im Gebirgspavillon, wo heute noch eine Quelle sprudelt, die nicht nur er besang, sondern auch sein Schüler und Freund Su Shi. Hier windet sich ein Bächlein mit klarem Wasser und es wächst der rote Pflaumenbaum, wie damals. Der Dichter kam daher auf einem mit Steinen gepflasterten Weg, der auch erhalten blieb, um sich in der Stille der Gebirgseinsamkeit eigenen Gedanken hingeben zu können oder hier mit Freunden zu zechen. Dann schrieb er darüber Gedichte.

Ein großes Ereignis der Song-Zeit, das auch in die Gartengeschichte einging, war das Treffen von sechzehn Gelehrten im Westlichen Garten des Prinzen Wang Xian, des Patrons der Kunst und Sammlers von Antiquitäten. Der Maler Li Gonglin (1049 – 1100), bekannt auch als Li Longmian, erfaßte dies auf einem Rollenbild. Beschrieben hat es der Maler Mi Fei (1051 bis 1107). Das Bild erhielt sich in verschiedenen Kopien. (10) Das Treffen kam unter freiem Himmel in der eleganten Umgebung des Gartens unter Kiefern zustande, zwischen Bambus und Steinen. Die ehrenwertesten Teilnehmer saßen an zwei Steintischen. An einem ist die Hauptgestalt Su Shi mit einer schwarzen Beamtenkappe auf dem Kopf und mit einem Pinsel in der

177 Li Keran (1907 – 1989): Mi Fei, Liebhaber der Gartensteine und Maler aus dem 11. – 12. Jahrhundert, verneigt sich vor einem Stein; Tusche auf Papier.

Hand zu sehen. Am zweiten Tisch schreibt der Maler Tao Qians Verse, während etwas weiter der Kalligraph Mi Fei, bekannt durch seine Liebe zu Steinen, auf einen Felsblock schreibt.

Li Gonglin hinterließ auch ein Zeugnis der Song-Literatengärten in einer Bildserie, genannt „Gärten in vier Jahreszeiten". Er hielt in ihr vier unterschiedliche Gärten fest und schuf damit eine Konzentration von alledem, was nicht nur Song-

178 Steinkomposition aus dem See Taihu. Die Steine wurden so plaziert, daß man sie gut von Korridoren und Veranden sehen konnte. Garten Löwenhain, Suzhou.

Gärten, sondern auch die Song-Kultur charakterisiert. Es ist Einfachheit, Eleganz und meisterhafte Durchführung. Das Abbild dieser hervorragenden Gartenkunst wurden japanische Gärten, die niemals aufhörten, die Songsche Botschaft zu verbreiten.

Die Blüte der Literatengärten führte in der Zeit der Song-Dynastie dazu, daß sich noch mehr als früher die Gewohnheit ausbreitete, die Gärten zu besuchen, you yuan. Außer öffentlichen Parkanlagen und Klostergärten, die bereits zur Zeit der Tang-Dynastie besucht wurden, hat man auch die kaiserlichen Gärten zugänglich gemacht, wie z.B. den Nordsongschen Garten rund um den See des Glanzes und der Helle in Bianliang. Die Menschen konnten ihn im Frühling besuchen, als die Bäume in der Blüte standen und es dort besonders schön war. Auch die Kaisergärten in Hangzhou waren stets für kürzere Zeit der Öffentlichkeit zugänglich. Selbst Privatpersonen ermöglichten den Zutritt in ihre Gärten. Zu gewissen Zeiten hängten sie am Eingang eine Bekanntmachung aus, daß der Garten allen offensteht, die interessiert sind, ihn zu sehen. Die Nachricht über die Schönheit eines Gartens wurde in der Stadt schnell bekannt, was allgemeine Bewunderung nach sich zog und zum Prestige des Besitzers beitrug.

Den Eintritt in seinen Garten der Einsamen Freuden ermöglichte in Luoyang auch der Historiker Sima Guang.

*

Nachdem China durch Mongolen beherrscht und die Yuan-Dynastie gegründet wurde (1271 – 1368), verlor die chinesische Intelligenz ihre Stellung bei Hof und damit das Ansehen, dessen sie sich in der Song-Dynastie erfreute. Sie konnte eine gewisse Zeit lang keine Staatsprüfungen ablegen und keine höheren Ämter bekleiden. Für viele war jede Zusammenarbeit mit den

Mongolen aus prizipiellen Gründen unzumutbar. Deshalb gingen sie in Klöster, verzogen sich in die Abgeschiedenheit, oft ohne Rücksicht darauf, daß es materielle Nachteile brachte. So lebten auch romantisch gesinnte Maler, die Fortsetzer der Song-Traditionen. Sie hielten auf ihren Bildern nicht nur den realen, objektiven Zauber, qu, der Berge und Flüsse fest, sondern sie legten in die Bilder auch ihre subjektiven Gefühle hinein, so daß oft das eine größere Bedeutung einnahm, was nur angedeutet war und unausgesprochen blieb.

Die größte schöpferische und gedankliche Kraft wuchs im Gebiet Jiangnan, wo verschiedene Malerschulen entstanden. Das Kulturzentrum Suzhou wurde auch weiterhin von denen aufgesucht, die sich danach sehnten, den Rest ihres Lebens in Abgeschiedenheit zu verbringen.

Auch der Maler Ni Zan (1301 bis 1374), einer der Meister der Wumen-Schule, gehörte zu denen, die die Freiheit mehr liebten als eine gesellschaftliche Stellung. Er beschäftigte sich mit dem Studium des Chan-Buddhismus und des

179 Li Gonglin: Sommer. Aus dem Zyklus „Gärten in den vier Jahreszeiten", 11. Jahrhundert.

180 Pavillon mit einer Armlehne in Schwanenhals-Form, der „Form für Frauen und Mädchen".

Daoismus und verbrachte viele Stunden mit Meditationen. Gegen Ende seines Lebens verkaufte er Haus und Grundstück und wanderte mit seiner Familie durch das Land. Sie fuhren mit dem Schiff über Seen, hielten sich in buddhistischen Klöstern auf. Ni Zan malte dabei laufend. Er erfaßte „die Schönheit der Dinge und die nostalgische Poesie der Einsamkeit", wie es ein chinesischer Kritiker ausdrückte. In seinen Tusche-Zeichnungen werden Pavillons und üppig wachsende Bäume im Herbst, Qiu ting jia shu, lebendig. Auf diesem Bild hielt Ni Zan einen Ausschnitt seiner idealen Welt fest.

Sein künstlerisches Gefühl drückte er auch im Gartenbau aus. Die Gärten waren ebenso ein Bestandteil seines Lebens wie die Malerei. Besonders Steine zogen ihn an, ihre Formen, die Oberfläche, Struktur und auch ihr geistiger Inhalt. Dazu trug ohne Zweifel sein Leben an den Ufern des Sees Taihu bei.

Chan-Abt Tian Ru bat im Jahr 1342 Ni Zan und seine Gefährten, einen Garten zu bauen, der dem Andenken an seinen Lehrer Zhong

Feng geweiht werden sollte. Dieses Gartenwerk, genannt Löwenhain, Shi zi lin, erhielt sich bis in die jüngste Zeit. Trotz aller Veränderungen, die es im Laufe von mehr als sechshundert Jahren durchmachte, blieb die schöpferische Absicht des Malers – ein ideales Milieu für Meditation und Konzentration inmitten der regen Stadt zu schaffen – erhalten.

Ni Zans Konzeption der Arbeit mit Steinen, die die Hauptkomponente des nicht geräumigen Gartens darstellte, war so durchdacht, daß es für seine Umklammerung und seinen philosophischen Inhalt kaum ein besseres Beispiel gab. Aus Steinen des Sees Taihu, die das Wasser im Verlauf der Zeitalter in phantastische Formen wandelte, zauberte Ni Zan nicht nur „Berge", die über die Umgebung hervorragten, sondern auch dunkle Höhlen, die durch Pfade verbunden waren und ein geheimnisvolles Labyrinth bildeten. Er berücksichtige Schattenspiel und Wasserspiegelung. Der ursprüngliche Löwenhain war natürlich ein viel einfacherer Garten, als er sich in der Gegenwart zeigt. Das bezeugen Ni Zans Skizze und das Ming-Album, das dem Maler Xu Ben zugeschrieben wird (er starb 1393) und diesem Garten gewidmet ist.

Außer dem Löwenhain schuf Ni Zan Gartenkompositionen auch in Wuxi und an anderen Stellen.

Malergärten, repräsentiert durch Ni Zans schöpferische Arbeit, wurden zu bedeutenden Bestandteilen der chinesischen Gartenkunst.

181 Platanenalle am Ufer des Westlichen Sees, Hangzhou.

182 Garten Löwenhain, Shi zi lin, berühmt durch seine Steinkompositionen. Suzhou, 14. Jahrhundert.

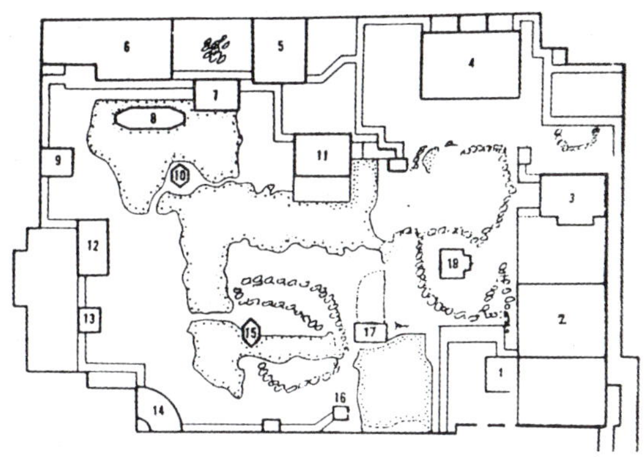

183 Plan des Gartens Löwenhain

1 Festsaal
2 Kleiner Quadratsaal
3 Zypressenveranda
4 Garten der Fünf Kiefern
5 Hütte des Schauens auf das Gebirge
6 Lotospavillon
7 Pavillon des Echten Interesses
8 Steinkahn
9 Häuschen des Stillen Duftes und der Fallenden Schatten
10 Pavillon der Seemitte
11 Häuschen der Suche nach den Pflaumenblüten
12 Der Saal der Zweifach wohlriechenden Schönen
13 Fächerpavillon
14 Pavillon des Dichterischen Tisches
15 Pavillon des Kaiserlichen Tisches
16 Pavillon des Wartens im Schnee
17 Pavillon des Hohen Bambusses
18 Auf das Gebirge schauender Aussichtsturm

Lange währt es, bis ein Baum
soweit gewachsen ist,
um Schatten zu spenden.

Ji Cheng, 17. Jahrhundert

Kunst der Amateure und der Professionellen

Mit der Rückkehr des Drachenthrons in chinesische Hände begann in der Ming-Dynastie eine nie dagewesene Entwicklung der Gartenkunst. Vieles blieb beim alten, vieles hat sich jedoch verändert.

Den Gebildeten brachte diese Zeit nicht nur die Möglichkeit der Rückkehr in den Staatsdienst, sondern gleichzeitig auch eine ganze Reihe von Einschränkungen. Die Ming-Dynastie, belehrt durch historische Erfahrungen, entschloß sich, die Staatsorthodoxie, die ein Garant guter Regierung sein sollte, zu festigen. Die gesamte Macht konzentrierte sich in den Händen des Kaisers. Im Land regierte bürokratische Schroffheit. Davon zeugt unter anderem auch, daß die Poesie, früher ein Fach des Staatsexamens, durch achtgliedrige Essays, bagu wen, ersetzt wurde, die jedoch formal und inhaltlich nicht viel Raum für die Förderung des schöpferischen Talents ließen. Das rief eine kritische Reaktion unter den Anhängern gelockerter Denkungsweise und mit ihr verbundener spe-

185 Die Gärten wurden von Gartenarchitekten, oft auch von Malern und Gartenmeistern auf der Grundlage der Pläne und Skizzen gestaltet. Suzhou yuan lin.

184 Fußbodenfliesen kombiniert mit Steinen kontrastieren sehr stark. Dem Pflaster der Gartenhöfe widmeten die Gartenbaumeister große Beachtung. Sie wählten sorgfältig das zierende Design, das von Hand aus kleinen Steinen zusammengestellt wurde. Löwenhain, Suzhou.

186 Gartenfeste. Das Spiel wei qi (Go). Figuren der Gebildeten in traditioneller Kleidung und mit traditioneller Frisur. Garten am Tigerhügel, Suzhou.

zifischer Ästhetik hervor, die sich in der Vergangenheit unter dem Einfluß des Chan-Buddhismus und des Daoismus gebildet hatte. Ein individualistischer Romantismus begann sich zu entwickeln, der aus dem Bedürfnis nach Selbstentfaltung unabhängiger Einzelpersonen entsprang, was sich außer in der Literatur auch in der Malerei und der Gartenkunst widerspiegelte. Eben in Gärten, in ständiger Berührung mit der Natur, fanden so gestimmte Menschen ihre Lebensbefriedigung, die sie sonst vermißten. Ihre Zahl wurde nach und nach durch „erfolglose" Politiker und Beamte, die gezwungen waren, ihre Laufbahn wegen Intrigen oder aus anderen Gründen aufzugeben, vergrößert. Viele unternahmen diese Schritte auch freiwillig, um in Abgeschiedenheit nach eigenen Vorstellungen leben zu können. Die Ideale der „Männer im Schatten" vorheriger Generationen blieben tief verankert im Unterbewußtsein derer, die eine gewisse Zeit, ob schon länger oder kürzer, auf ihren Schultern die Bürde des Beamtendienstes trugen. Die Gärten wurden zum Bedürfnis und zur Freude auch derer, die im Dienst blieben und in der Stadt lebten. Sie boten ihnen auf kleinem Raum in konzentrierter Form gleiche Erlebnisse wie die freie Natur, ohne daß sie das Haus verlassen mußten, wo sie viele Pflichten, besonders familiäre, zurückhielten.

Mit der Entwicklung der Ökonomie verbesserte sich in der Ming-Dynastie auch die Stellung der Geschäftsleute. Diese standen traditionsgemäß auf der niedrigsten Sprosse der Gesellschaftsleiter. In dieser Zeit verhalf ihnen jedoch der Reichtum, Prestige zu erlangen, und zwischen ihnen und dem Beamtentum gab es keine unüberwindlichen Hindernisse. Es kam zu der Entwicklung der bürgerlichen Kultur, und das äußerte sich auch in der Gartenkunst.

Während die Literaten zumeist selbst ihre Gärten entwarfen, engagierten reiche Bürger lieber Kenner, vor allem aus den Reihen der Maler, die sie beauftragten, ihnen den Garten zu entwerfen, um sich möglichst dem Geschmacksniveau der Gebildeten zu nähern.

Da sie genügend Geld besaßen, gaben sie für den Bau des Gartens bedeutende Mittel aus. Das führte dazu, daß Handwerker, deren Dienste sie nutzten, großes Geschick erwarben, und manche begannen sogar, sich selbst zu bilden, um die philosophischen Vorstellungen der Auftraggeber realisieren zu können.

Überlieferte Aufzeichnungen weisen nach, daß bereits in der Song-Dynastie der Gartenbau als Handwerk ein hohes Niveau erreichte. In der Regierungszeit der Mings wuchs ständig die Spezialisierung. Zum wichtigsten Zweig wurde die Arbeit mit Steinen, die in der Region von Jiangnan den Hauptteil der Gartenkunst ausmachte. Es war kein leichtes Gewerbe, forderte Erfahrung, Geschick und Begabung. Die Steine kamen doch in den Gärten in unterschiedlichsten Formen vor, nicht nur als Solitäre, sondern sie bildeten auf abgegrenzten Gartenflächen Gebirgskämme, scharfe Gipfel, Abhänge, Schluchten, Gebirgsbachbetten, Wasserfälle, Kaskaden, Stromschnellen und mußten so verarbeitet werden, daß man die gleichen Eindrücke erreichte, als ob die Natur selbst wirkte.

Hauptgebiete waren die Zusammenstellung der Steine, jie shi, und die Gestaltung künstlicher Berge, duo shan. Einer der Spezialisten für diese Arbeiten wurde zum Ende der Ming-Zeit so bekannt, daß über ihn konkrete Angaben erhalten geblieben sind. Man weiß, daß er Zhang Nanyuan hieß, im Jahr 1587 in der Region Jiangnan geboren wurde und kurze Zeit Malerei studierte. Sehr zeitig wurde er durch seine ungewöhnliche Geschicklichkeit bei der Arbeit mit Steinen berühmt [1], der er sich dann ausschließlich widmete. Sein Ziel war es, wie er selbst

187 Pavillon in Fächerform. Löwenhain, Suzhou.

188 Solitärsteine aus dem See Taihu. Die Steinkompositionen in diesem Garten gehören zu den besten in der chinesischen Gartenkunst. Garten Löwenhain, Suzhou.

sagte, Kompositionen zu schaffen, in denen es möglich war, auch auf geringer Gartenfläche umherzuziehen und mit dem Gefühl heranzutreten, daß man inmitten der Natur steht und daß sich auch um den Garten herum Berggipfel und tiefe Täler befinden. Das Handwerk hielt sich in der Familie, und sein Sohn wurde zu Beginn der Herrscherzeit des Qing-Kaisers Kangxi, Mitte des 18. Jahrhunderts, nach Beijing berufen, wo ihm anspruchsvolle Arbeiten anvertraut wurden. Seine Schüler und Nachfolger gründeten die Schule, die unter dem Namen Zhangs, Meister der Berge, Shan zi Zhang, bekannt wurde.

So entstand schrittweise ein ideales Gartenteam. Es waren Gebildete in der Rolle professioneller Architekten und Handwerker, die in der Lage waren, ihre Entwürfe selbst zu realisieren. Das Ergebnis waren Gärten „schön wie ein Bild", wie es später der Literat, Verleger und Gartenarchitekt Li Yu (1611 – 1680), auch als Li Liweng ([2]) bekannt, ausdrückte.

Außer Steinen war eine unverzichtbare Komponente von Ming-

189 Die Pavillons sollten entsprechend ihrem Ursprung abgelegene Stellen in Gebirgen und an Seen darstellen. Das haben sie sich bis zum heutigen Tag bewahrt. Garten des Meisters der Fischernetze, Suzhou.

190 Xu Yang: Glückliches Suzhou. Stadtgarten mit Pavillon, 18. Jahrhundert.

Gärten in erhöhtem Maße das Wasser. Manchmal war es ein so dominierendes Element, daß man über Wassergärten sprach. Zu den berühmtesten gehörte der vier Hektar große Garten des Bescheidenen Politikers, Zhuo zheng yuan, in Suzhou. Ihn baute „zur Freude seines Herzens" im 16. Jahrhundert der kaiserliche Zensor Wang Xuancheng, nachdem er am Hof in Ungnade gefallen war. Der Garten befindet sich an einer Stelle, wo ursprünglich das Haus eines Tang-Gelehrten mit bohemischen Neigungen stand. Schon damals war es, dem Zeugnis von Zeitgenossen entsprechend, ein Garten voller Ruhe und ländlicher Atmosphäre, der diesen Herrensitz umgab.

Das Grundstück war insofern vorteilhaft, als es Überfluß an Wasser hatte. Der neue Besitzer beschloß, hier einen Garten anzulegen, und zwar deshalb, weil er durch die Schönheiten einer Felseninsel mit Wasserpflanzen im nahen See Taihu inspiriert wurde. Er entschied sich, ihn den Garten des Bescheidenen Politikers zu nennen. Die Bezeichnung bezog sich auf die Äußerung des erfolglosen Administrators aus dem 3. Jahrhundert, der sich in die Abgeschiedenheit zurückzog und ganz einfach als Bauer lebte. Seine Entscheidung kommentierte er mit den Worten: „Auch dies ist eine Laufbahn, würdig eines bescheidenen Politikers." Mit diesen Gefühlen zog sich der frühere kaiserliche Zensor in seinen Garten zurück.

Das Wasser nimmt in diesem Garten drei Fünftel der Gesamtfläche in so vielfältiger Form ein, wie sie nur die Phantasie chinesischer Gärtner im Zusammenklang mit der Natur entwickeln konnte. Große Wasserflächen wechseln mit kleinen Seen unterschiedlicher Formen oder mit intimen Ecken, genannt „Wasserhöfe", ab. Die Quelle am abgelegenen Ort bietet köstliches Wasser für Tee. Eine Lagune, mit Lotos bedeckt, ist eine Freudenquelle zu jeder Jahreszeit.

Dazu sollte man wissen, daß das Wasser von jeher die chinesischen Gartenbauer anzog, durch seine Glätte, sein Geheimnis, die Fähigkeit zu fließen, sich zu verändern und immer wieder überraschende Erlebnisse zu bieten.

192 Der Bau eines Gartens, Steinetransport, Suzhou.

191 In den Gärten arbeiteten Meister der Berge, Spezialisten im Legen der Gartensteine. Suzhou yuan lin.

193 Gespräch mit dem Meister. Erfahrene Gartenmeister wirken auch heute in der Entwicklung der chinesischen Gartenkunst.

„Ich liebe das klare Wasser dieses Gartens", schrieb ein Bewunderer, „ich komme oft hierher, um in Gedanken mit der Natur zu kommunizieren."

Während die Seen im Garten des Bescheidenen Politikers die Ruheatmosphäre ausdrücken, sind die Bäche und Bächlein die Bewegungsträger. Ihre Aufgabe besteht darin, einzelne Szenerien harmonisch zu verbinden, denn hier ist kein Element isoliert, eine Szene geht in eine andere über im durchdachten und dabei sanften Rhythmus, der ein Atem der Ewigkeit zu sein scheint.

Das bezieht sich auch auf zahlreiche architektonische Komponenten des Gartens, die mit dem Element Wasser eng verbunden sind und die sich mit ihm durchdringen. Das Wasser fließt auch unter Pavillons und den Lustschlößchen. Die Zusammengehörigkeit von Bauten mit unterschiedlichen Formen des Wassers ist hier so natürlich, daß man sie erst zurückschauend voll zur Kenntnis nimmt.

Hauptthema der Aus- und Durchsichten der meisten Pavillons, ob quadratisch, kreisförmig, oktogonal oder in anderer Form gebaut, ist das Wasser. Manche kleineren Überdachungen findet man auf Steininseln inmitten von Seen. Mit dem Ufer sind sie durch Brücken verbunden, die auch andere Flüsse überqueren. Jede von ihnen hat ihre Form, die dem praktischen Bedarf entspricht und gleichzeitig mit der örtlichen Atmosphäre im

194 Pavillon am Fuß des Berges Lishan im Garten Huaqing Chi in der Nähe der Stadt Xian.

Einklang steht. Felsige Talengen werden durch flachen, sorgfältig ausgewählten Stein verbunden, während den Weg vom See zum Haus auf der Insel eine Holzbrücke auf Pfeilern mit einigen abgekanteten Biegungen verlängert. Der Weg veranlaßt zum Halten, zu einem Blick auf die Steingruppierung, die den Wasserspiegel teilt, oder auf einen Grasbusch am Ufer. Eine Zierde des Gartens ist die zu einem Bogen gespannte Brücke des Fliegenden Regenbogens. Ihre Besonderheit beruht darin, daß sie als einzige der Brücken der Suzhou-

Gärten überdacht ist. Ihren Namen erhielt sie nach dem zitternden Spiegelbild auf der Wasserfläche.

Zu Spaziergängen in brennender Sonnenglut und auch bei Regen laden die überdachten Korridore ein. Ihre Mauern haben mannigfaltig geformte Fenster, die zum Durchblick auf ausgewählte Ecken dienen, für die sie durch ihre Form auch den passenden Rahmen bilden. Einer der Korridore ist so konstruiert, daß sein sich hebender und senkender Fußboden den Eindruck erweckt, man würde auf den Wellen des Sees wandeln.

Die Absicht des Schöpfers des Gartens des Bescheidenen Politikers war es, sein Werk als kondensiertes Bild der großen Natur darzustellen. Kein hier verlebter Augenblick, ob bei Tag oder Nacht und bei jedem Wetter, sollte ins Nichts ausklingen. Der Besucher begreift recht bald, daß alles hier mit Feingefühl erbaut wurde, damit man genügend Spielraum behält, in welche Richtung man sich begeben, welchen Gartenwinkel man meiden und wo man stehenbleiben und den eigenen Gedanken freien Lauf lassen sollte. Früher kamen Philosophen, um das Zugehörigkeitsgefühl zur Natur zu erneuern, gedachten vergangener Tage und sannen über die Zukunft nach. Es kamen auch Freunde hierher. Sie konnten miteinander reden oder schweigen und sich nur über die gegenseitige Nähe freuen. Hier wurden Feste gefeiert, bei denen die Gäste von den Balustraden der Pavillons beobachteten, was die Jahreszeit eben bescherte. Es gibt hier die Halle des Entfernten Duftes, die Überdachung der Erwartung erster Fröste, eine Veranda für den, mit dem man hier sitzen möchte, und viele andere Plätze, bestimmt für intensive Wahrnehmungen aller Nuancen der Schönheit.

Den Garten malte der Zeitgenosse und Freund des „bescheidenen Politikers", der Maler, Kalligraph

195 Haus über dem See mit einem Gartenkorridor. Holzschnitt, San xi tang hua bao.

196 Zuführung des Wassers in einen Gartensee.

197 Brücke des Fliegenden Regenbogens. Garten des Bescheidenen Politikers, Suzhou.

198 Plan des Gartens des Bescheidenen Politikers.

1 Haupttor
2 Orchideen- und Schneehalle
3 Mit Wolken verzierter Gipfel
4 Eibischpavillon
5 Pavillon der Himmlischen Quelle
6 Halle der Wohlriechenden Hirse
7 Pavillon der Breiten Aussicht
8 Chuns Pavillon
9 Halle des Entfernten Duftes
10 Südveranda
11 Pavillon der Erwartung des Frostes
12 Pavillon des Schneeduftes und der Rosenwolke
13 Pavillon des Lotos auf allen vier Seiten
14 Pavillon des Windes unter den Kiefern
15 Pavillon der Erwartung der Wahrheit
16 Gartenvilla Zhi qingyi yuan
17 Mädchengarten
18 Insel der Düfte
19 Magnoliensaal
20 Anderes Weltall
21 Pavillon für alle beide
22 Saal der Sechsunddreißig Mandarinenten
23 Saal der Achtzehn Kamelien
24 Pavillon der Sich spiegelnden Pagode
25 Pavillon „Laßt sie hier und hört zu..."
26 Veranda für den, mit dem man hier sitzen sollte
27 Pavillon des Bambushutes
28 Pavillon des Schwimmenden Nephrits

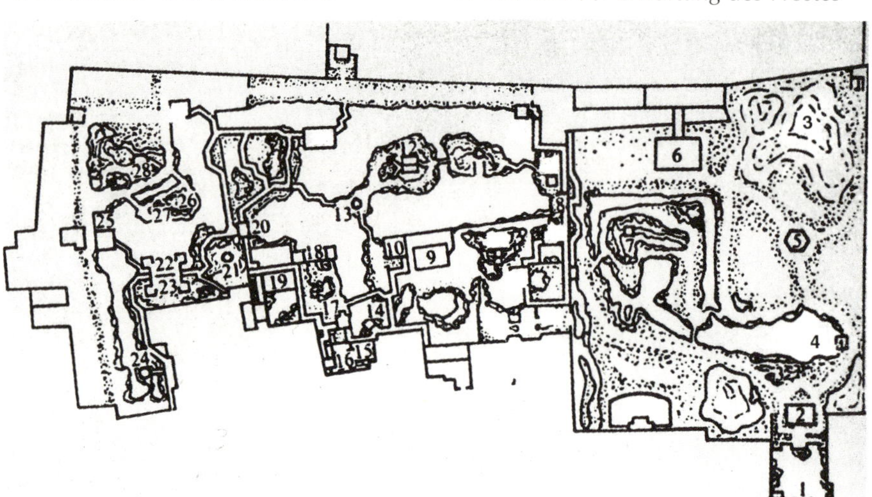

und Dichter Wen Zhengming. Jede Gartenszenerie begleitete er mit einem eigenen kalligraphisch ausgestatteten Gedicht. (3)

Heutzutage hat der Garten, der für Wen Zhengming „Platz der Sehnsüchte und Zufluchtsort der Träume" war, im Vergleich mit dem, was man auf Bildern sehen kann, besonders im architektonischen Teil, ein prunkvolleres Aussehen.

Das Schicksal dieses ungewöhnlichen Gartenwerkes war ergreifend. Eine ironische Fügung wollte es, daß der Sohn des Eigentümers im Glücksspiel innerhalb einer Nacht alles das verlor, was sein Vater mit Liebe aufgebaut hatte. Danach ging der Garten von Hand zu Hand. Generäle eigneten sich ihn an, Aufständische bemächtigten sich seiner, wegen Schulden wurde er konfisziert. Nun wurde er sorgfältig rekonstruiert und ist das Ziel vieler Besucher. Zugänglich sind auch Interieurs der Pavillons mit seltenen Möbeln und Bildern. Die Menschen achten diese Kunstgegenstände, den ganzen Garten, begegnen ihm mit Ehrfurcht. Auch das ist ein Zeugnis dessen, welchen bedeutenden Platz diese schöpferische Arbeit im chinesischen Kulturbewußtsein einnimmt.

Wie Wen Zhengming verfiel ein weiterer Maler der Wumen-Schule, Qiu Ying (1510 – 1551), dem Zauber historischer Gärten. Ihn inspirierten alte Bilder und Dokumente. Er konnte jedoch nicht umhin, in seine Gartenbilder Ming-Elemente einzubauen, so daß sein Bild des Han-Gartens im Goldenen Tal eine grundsätzliche Vorstellung über die Ming-Gartenkunst bietet. Bei manchen Malern hat man das Gefühl, als ob sie die Struktur der Berge und Felsen aus intimer Nähe kennen würden, die ihnen nur die Gärten geben konnten. Einer von ihnen war wahrscheinlich auch der Mönch Shitao (1642 – 1707), bekannt als Bittere Gurke, Kugua heshang, Autor der unkonventionellen

199 Die sich windende Brücke fordert zu einer langsamen Gangart und zur Beobachtung der Fische und Wasserpflanzen heraus. Garten am Weidensee im Frühjahr.

200 Die nicht weit voneinander entfernten Brücken, eine geknickt und eine gerade, sind der Ausdruck für die Bemühung um architektonische Vielfalt. Garten der Forschungsanstalt für Stickereien, Suzhou.

201 Bambus im Garten des Dichters Du Fu, Chengdu.

202 Wen Zhengming: Hütte der Reinen Zuflucht. Garten des Bescheidenen Politikers. Suzhou, 16. Jahrhundert.

203 Gebirgsquelle – Vorlage für die Gestaltung der Wasserquelle im Garten, San xi tang hua bao.

Abwandlung des Malergesprächs, Huayu lu, oder der Maler Wu Bin (1591 – 1626), der gern in Suzhou-Gärten verweilte und seine Inspiration aus ihnen schöpfte. ([4])

Für Ming-Gärten war charakteristisch, daß ihr Raum kleiner und ihr Inhalt tiefer wurde. Es machten sich darin Malergrundsätze geltend, daß „das Senfkorn alles umfaßt“, xi mi jie zi, oder daß „die ganze Welt in eine Teekanne paßt", huzhung tiandi, die sich bereits zur Zeit der Song-Dynastie einprägten und stark die Gartenbaukunst beeinflußten. Es entstanden künstlerische Vorgänge, durch die diese Grundsätze realisiert wurden.

Die Schöpfer der Ming-Gärten schufen Kompositionen, zusammengesetzt aus natürlichen, anknüpfenden Szenerien mit Bergen, mit Seen, mit Bambuszäunchen, mit Blumen, die den Jahreszeiten entsprechen, und mit Schutzwänden, bewachsen mit Schlingpflanzen. Die Architektur war einfach, zweckdienlich und mit verhältnismäßig geringen Abmessungen. Der Garten sollte eine gelockerte Atmosphäre haben, chang shen, voll Geheimnisse, you, und sollte auch Elemente der Spannung, wei, enthalten. (5)

Dieser Gartenstil aus der Region Jiangnan verbreitete sich auch in den restlichen Teilen Chinas. In Beijing entstand durch seine Einwirkung der Prototyp des nordchinesischen Gartens, modifiziert durch örtliche Bedingungen. Sein Grundmodul war der Hof, umringt durch vier Gebäude. Der Hof war als Garten eingerichtet mit verhältnismäßig wenig Grün, mit Steinkompositionen, Penjing (Bonsai) oder Landschaften in Schalen, deren Vorteil es war, daß man sehr einfach ihren Standort wechseln konnte. Im Vergleich mit südchinesischen Gärten waren sie im Norden weniger poetisch, dafür jedoch „männlicher", xiong, wie die Chinesen sagten.

Auch in Nanjing, der ersten Ming-Hauptstadt, damals Jinling genannt, begann die Blüte der Privatgärten. Ein Zeugnis hiervon hinterließ der zeitgenössische Literat und Kritiker Wang Shichen (1526 – 1590) in seinen Aufzeichnungen „Wanderungen durch Jinlings Gärten". (6) Diesem Thema widmete er auch eine Gedichtsammlung. Im Prolog steht der ästhetische Grundsatz, daß man das handwerkliche Geschick verhältnismäßig einfach erlernen kann, daß es jedoch viel schwieriger ist, sich die „Fähigkeit des Himmels" anzueignen, d.h., das Talent zur Entwicklung von Gärten, die ein wirkliches Abbild der Natur sind.

204 Komposition von Bambus und vertikalen Steinen. Familiengarten Ou yuan, Suzhou.

Eine Gartenstadt, die durch ihre Bedeutung Suzhou näherkam, war Yangzhou (7) in einer herrlichen Umgebung nördlich vom Langen Fluß am Westufer des Großen Kanals. Sie war mit Wasserkanälen durchwoben, Brücken und Stege überquerten das Wasser, und es gab keinen einzigen berühmten Dichter, der hier nicht zwischen „Weiden und blühenden Pfirsichbäumen" verweilt hätte. Hierher kamen z.B. in der Tang-Dynastie Li Bai, Du Fu, Bai Juyi, in der Song-Dynastie der Ministerpräsident Wang Anshi und Ouyang Xiu. Die meisten von ihnen erfaßten den Zauber der Stadt in Versen. Nicht nur einer äußerte seine Trauer, daß er die Stadt verlassen mußte.

Die Aufteilung der chinesischen Gärten in Nord- und Südgärten ist besonders wichtig, wenn man das gegenseitige Durchdringen der interessantesten und anziehendsten Elemente der beiden Gebiete begreifen will. Eine nicht geringe Rolle spielten hier vor allem die klimatischen und historisch-geographischen Bedingungen.

In den südchinesischen Gärten tauchten Motive aus den Kaisergärten des Nordens auf, die oft bis heute erkennbar sind. Umgekehrt waren die Gärtner aus dem Norden von den südchinesischen Gärten begeistert. Sie waren vom Wasserreichtum bezaubert, der den südchinesischen Gärten seine Dynamik verlieh. Dadurch wurde auch die Ausnutzung des südchinesischen Grüns erleichtert.

Den Gartenwerken aus dem Gebiet Jiangnan prägten die

205 Die Wasserlaterne trägt zur Hervorhebung der Schönheit des Sees bei. Liu yuan, Suzhou.

Solitärsteine aus dem See Taihu eine große Eleganz auf. Ein bedeutsames Spezifikum der chinesischen Gartenkunst sind ferner die Kompositionen aus vertikalen Steinen, die stark an den Einfluß des „Steinwaldes“ Shi lin bei Kunming erinnern, sowie die faszinierenden Szenerien entlang des Flusses Li bei dem südchinesischen Guilin. Das alles waren Muster, die allmählich in der ganzen chinesischen Gartenkunst zur Geltung kamen.

Der Ruhm von Yangzhou erreichte seinen Gipfel in der Zeit der Ming-Dynastie, als der beschädigte Große Kanal repariert wurde und die Stadt wieder wirtschaftlich und kulturell aufblühte. In der Zeit der Qing-Dynastie wurde sie ein beliebter Haltepunkt der Kaiser bei ihren Reisen in den Süden, und das verhalf ihr zu ihrem beträchtlichen Prestige.

Das Leben der Stadt mit ihrem persönlichen Kolorit beschrieb in seinem Buch „Aufzeichnungen über bunte Schiffe in Yangzhou“ (8) Li Dou, der dort lebte, ein erfolgloser Beamter, dafür jedoch ein scharfsinniger Beobachter. Das Buch, dessen Einleitung mit 1796 datiert ist, bringt viele wertvolle Informationen über die Gärten von Yangzhou, von denen viele nicht erhalten geblieben sind. Und gäbe es nicht Li Dou, wären sie vergessen worden. Es gab damals in dieser großen Stadt mehr als hundert, Gärten, kleine und große.

Die Chinesen schätzten an den Yangzhou-Gärten besonders, daß sich hier die nördliche Männlichkeit, xiong, mit der südlichen Eleganz, xin, durchdringt, was zu ihrer angenehmen, ausgewogenen Atmosphäre beiträgt. Dieser Gartentyp stellte so einen Übergang zwischen dem südchinesischen und dem nordchinesischen Typ dar.

Die Gärten von Yangzhou sind durch Steinkompositionen bekannt

207 Fünf Pavillons auf der Brücke über den Hageren westlichen See in Yangzhou.

206 Brücke mit fünf Pavillons, Garten am Lotoskloster, Holzschnitt, 19. Jahrhundert.

gegründet nach der Malertheorie, daß „das Frühlingsgebirge durchsichtig ist wie das Lachen, das Sommergebirge grünlich wie ein Wassertropfen, das herbstliche Gebirge klar wie ein Edelstein und das winterliche traurig wie der Schlummer". Um diesen Effekt zu erreichen, wurden für Berge in Gärten verschiedene Arten von Steinen verwendet. (9)

Die Gartenkunst zeigte sich auch bei einer Malergruppe von Yangzhou, die sich die Acht Exzentriker nannten, Ba Jia. Mit schnellen Pinselstrichen brachten sie außer anderen Motiven auch Stilleben in Gärten mit Steinen in Nachbar-

geworden. Außer den Steinen aus dem südchinesischen See Taihu verwendete man auch „gelbe Steine" mit glatter Oberfläche und scharfen Kanten und wirkungsvolle „weiße Steine".

Hinsichtlich der Steinkompositionen ist der Privatgarten Ge yuan in Form eines Bambusblattes am interessantesten. Er wurde am Anfang des 19. Jahrhunderts von einem wohlhabenden Geschäftsmann aus Yangzhou, der mit Salz handelte, an einem Ort gegründet, wo sich früher ein Garten befand, von dem man erzählte, daß ihn im 18. Jahrhundert der Maler Shitao erbaut hat. Für den Garten Ge yuan ist die Harmonie zwischen Pflanzen und Steinkompositionen charakteristisch. Sie wurde nach besonderen Grundsätzen entwickelt, wie z.B. daß „ein Stein in der Nähe eines Pflaumenbaumes oder Bambus altertümlich sei, ein Stein unter einer Kiefer nicht prunkvoll, am Bambus schlank, in einer Schale raffiniert". Das Ergebnis der Verbindung des handwerklichen Geschicks und der Künstlerphantasie sind „Berge der vier Jahreszeiten",

208 Felsidylle bei der Mauer der Ziehenden Wolken. Ge yuan, Yangzhou.

209 Höhlen und Felsengänge sind ein bedeutender Bestandteil von Gartenkompositionen. Garten Ge yuan, Yangzhou.

schaft von Bambus, alten Baumstämmen, Glyzinen oder verzerrten Kiefern zu Papier. Der bekannteste von ihnen war Hong Shen. Auf einem seiner Bilder verlegte er die Begegnung Unsterblicher in ein Gartenmilieu, in dem eine sehenswerte Steinkomposition mit überhängendem Felsen dominierte. Durch Komposition und Ausführung fesselt er Liebhaber der Gartenkunst mit seinem Bild „Das Suchen von Pflaumenbaumblüten im Schnee", mit einer Spitzbogenbrücke, die an eine Gartenbrücke erinnert. Die Naturszenerie ist hier in dem Maße akzentuiert, daß die Gestalt des Tang-Dichters Meng Haoran, der sich auf die Suche nach dem Pflaumenbaum machte, in den Hintergrund tritt.

Die reiche schöpferische Erfahrung, auf die sich im Verlauf der Jahre nicht nur hochgebildete Männer, sondern auch Handwerker verschiedenster Gewerbe stützten, mündete in Werken über Theorie und Praxis der Gartenkunst. Das am besten systematisierte Werk ist das bereits erwähnte Gärtnermanual „Über die Gartenkunst", Yuan ye,

210 Alte Bäume und Gartensteine. Album der Malergruppe der Acht Exzentriker (Ba Jia), Yangzhou.

211 Pavillon über einem See. Garten Ge yuan, Yangzhou.

von Ji Cheng aus dem 17. Jahrhundert. Es ist das erste seiner Art, das in China erhalten blieb. In Japan entstand ein ähnliches Handbuch, genannt Sakuteiki, bereits gegen Ende des 12. Jahrhunderts. (10)

Über den Autor weiß man nicht mehr als das, was er selbst über sich in seinem Werk mitteilte. Ji Cheng stammte aus der heutigen Provinz Jiangsu und war in der Jugend, wie er in der Einleitung zu seinem Buch schrieb, als Maler bekannt. Damals reiste er viel. In der Mitte seines Lebens kehrte er in seine Heimat zurück und ließ sich in Zhenjiang nieder. Hier wirkte er mit einem Handwerkerteam als Gartenarchitekt. Er entwarf und baute Gärten für reiche Bürger. Sein Buch, beendet im Jahr 1631 und

212 Komposition kontrastvoller Pavillons, eines quadratischen und eines runden mit Marmorstufen, Luoyang.

213 Sammeln von Setzlingen für einen Garten. Meng Haoran, ein Tang-Dichter, bringt die Setzlinge in den Garten seiner Mutter. Neujahrsbild, 19. Jahrhundert.

drei Jahre später gedruckt, offenkundig unter Hilfeleistung seines einflußreichen Gönners Ruan Dacheng, ist eine Zusammenfassung theoretischer Kenntnisse und praktischer Erfahrungen.

Ji Cheng erörterte in seinem Handbuch die Theorie des Gartenbaus, die Platzwahl, den Entwurf des Gartens, dessen Architektur und die Arbeit mit Steinen. Seine Hauptthese besagt, daß ein Garten in Harmonie mit dem Genius loci entsteht und ein Ort sein soll, der die dichterische Vorstellungskraft unterstützt. (11)

Ji Cheng vertritt die Ansicht, die in der chinesischen Ästhetik seit jeher allgemein anerkannt wird, daß die Schönheit mit dem Firmament, d.h. der Natur, verknüpft ist. Die Aufgabe des Schöpfers ist es, bis in ihre Tiefe durchzudringen, li, und sie in seinem Werk zu ergründen. Das führte die Japaner zweifelsohne dazu, daß sie Ji Chengs Manual unter dem Titel „Arbeit übernommen vom Himmel" übersetzten. (12)

Zur Gartenkunst erklärte sich auch der Ästhet und Verleger Li Yu im Werk „Äußerungen träger Stimmungen". (13) In der Zeit, als sich die Gartenschöpfung dem direkten Einfluß der Literatur entzog, rief Li Yu zur Rückkehr der Gartenarchitektur zu Einfachheit und Eleganz auf. Er interessierte sich besonders für die Arbeit mit Steinen. Er betrachtete diese Arbeit als eine Kombination handwerklicher Tätigkeit und Kunst und verehrte diejenigen sehr, die Meister auf diesem Fachgebiet waren, in gleicher Weise wie Dichter. Er betonte, wie übrigens auch Ji Cheng, daß man beim Bau eines Gartens zum Wesentlichen der Naturschönheit durchdringen muß und nicht nur eine verflachte Imitation gestalten soll, wie es zu seiner Zeit oft geschah. Er war der Meinung, daß das „Gartengebirge" eine Kombination von Erde und Steinen statt unästhetischer Anhäufung großer Mengen von Felsblöcken aufeinander sein sollte. Stein und Erde gehören doch untrennbar zusammen. Er war auch ein Gegner mechanischer Nachbildungen bekannter Gärten, was ja damals große Mode war. Sein Hauptargument bestand darin, daß ein Garten örtlichen Bedingungen entsprechen soll. Er selbst richtete sich danach, als er den Garten Pan mou yuan,

214 Der im 17. Jahrhundert geschaffene Garten Pan mou. Beijing, 19. Jahrhundert.

215 Die überdachten Veranden in der ersten Etage erleichterten das tägliche Leben. Garten Ge yuan, Yangzhou.

Garten des Halben mou, in Beijing schuf, den später der kaiserliche Würdenträger Zhou Jiajiao kaufte. ([14]) Dort brachte er seine Fähigkeit der vollständigen Nutzung des kleinen Raumes zur Geltung, wie vorher in seinem Senfkorngarten, Jie zi yuan, in Nanjing, wo er zwei Jahrzehnte seines sonst ruhelosen Lebens zubrachte.

Es ist kein Wunder, daß Lis ästhetische Ansichten, in denen er die Einfachheit, Eleganz und Natürlichkeit betonte, bei den Japanern auf Zustimmung stießen, denen dieser Typ der Schönheit sehr nahesteht.

Der Autor eines weiteren Werkes, in dem Erkenntnisse über Gärten zusammengefaßt sind, ist Wen Zhengheng (1585 – 1645), der Enkel des Malers Wen Zhengming. Es war ein gebildeter, vielseitig begabter Mann, ein eingeweihter Kenner der Gartenkunst. Er widmete ihr drei von vierzehn Bänden seiner „Bemerkungen über tägliche Dinge" (Zhang wu zhi). Er schrieb in ihnen über die Architektur, Pflanzen, das Wasser und die Steine: Die Gartenbauten sollten dazu beitragen, daß man nicht sofort den ganzen Garten zu sehen bekommt, sondern daß er eine Atmosphäre des Geheimnisvollen, you, ausstrahlt, in die man versinken kann, so daß die hier Lebenden ihr Alter und diejenigen, die nur zeitweilig hier sind, ihre Rückkehr vergessen und zufällige Besucher Müdigkeitsempfindungen verlieren. Die Architektur soll nicht nur Patina und Eleganz besitzen, sie soll auch entsprechend praktisch sein, um den Menschen das Verweilen im Garten angenehm zu machen.

Die Pflanzenzucht, wie er schreibt, ist nicht einfach. Die Blumen muß man das ganze Jahr betreuen, an ihren Blüten erfreut man sich manchmal jedoch nur einige Tage. Die Baumauswahl soll so sein, daß die Bäume alle vier Jahreszeiten repräsentieren. Hohe, breit gewachsene Bäume soll man nicht nahe einer Veranda pflanzen, damit sie nicht die Aussicht nehmen, rot blühende Pflaumenbäume und rosarote Pfirsichbäume sollen nicht große Anhäufungen bilden, sondern unter den anderen Bäumen verteilt sein ...

216 Alte Bäume werden als Zeugen ferner Vergangenheit und auch als Ausdruck der Fähigkeit zum langen Leben bewundert. Garten am Hageren westlichen See, Yangzhou.

Wasser und Steine bilden das Gerippe eines Gartens – ohne sie ist ein Garten undenkbar. Steine rufen Vorstellungen des Altertümlichen hervor, das Wasser die Vorstellung unendlicher Ferne ... Mit jedem Satz bezeugt der Autor, wie intim er in die Gartenkunst eingeweiht ist.

Mit Gärten befaßten sich in ihren Essays, Notizen und Abhandlungen in größerem oder kleinerem Maß noch eine ganze Reihe von Autoren. Sie behandelten oft das Thema in einem Atemzug mit der Malerei und der Poesie und benutzten zu ihrer Auswertung die gleiche Terminologie. Die Gärten wurden in China ein Teil des Denkens und auch des Lebens der Menschen in Ausmaßen, die in der Welt einzigartig sind. Außer Aufzeichnungen über existierende Gärten erhielten

217 Im Unterschied zur Vergangenheit wurden die Gärten der Qing-Dynastie (1644 – 1911) mit einer immer größeren Anzahl architektonischer Werke gefüllt. Garten Ge yuan, Yangzhou.

sich auch Beschreibungen imaginärer Gartenanlagen, wie z.B. der Garten der Weiten Aussichten, Da guan yuan, der zum Schauplatz von Cao Xueqins Romans „Traum des roten Turmes“, Hong lou meng, wurde. Vor nicht allzu langer Zeit wurde dieser Garten in Beijing realisiert, als dort die Verfilmung dieses berühmten Romans stattfand.

Seinen Zauber hat auch das Essay „Garten, der nicht existiert“, Wu you yuan, von Zhi Long. Der Ming-Autor beschrieb darin den Garten seiner Träume, ohne nur einen Finger breit Boden besessen zu haben. (15)

Ähnlich wie die übrigen Gärten dieser Zeit brachte auch dieser die Stimmungen und Gefühle seines Schöpfers zum Ausdruck. Dieser bescheidene, gebildete Mensch schilderte mit Hingabe, welche Bäume er dort pflanzen würde, als Symbole der vier Jahreszeiten, deren Kreislauf sie widerspiegeln sollten. Als Sinnbild des Frühlings durften im Garten die Weide mit ihren zarten grünen Blättchen und ebenso der mit rosenroten Blüten übersäte Pfirsichbaum nicht fehlen. Im Sommer würde die Akazie ihren betäubenden Duft verströmen und der anmutige Blauglockenbaum seine Äste ausbreiten. Den Herbst würde der Orangenbaum mit seinen goldenen Früchten beherrschen und der Winter böte die Möglichkeit, sich am Anblick der immergrünen Föhren und Zypressen zu erfreuen. Die Steinkompositionen würden trotz des engen, von Mauern umschlossenen Raumes die fünf heiligen Berge Chinas ins Gedächtnis rufen, die bis zum Himmel „emporragen“ und Symbole sind für die Macht und den Ruhm des chinesischen Reiches.

Zhi Long hätte sie derart verteilt, daß er in ihrer Mitte vom Gefühl übermannt worden wäre, er befände sich in der Abgeschiedenheit einer Einöde, in einer reinen unverdorbenen Welt, in die sich die Daoisten auf ihren „Wanderungen ohne Ziel“ zurückzuziehen pflegten. Sicherlich wäre auch er gerne wenigstens für eine kleine Weile dem Alltagstrubel der Stadt entronnen, denn sie war übervoll von Unsitten und Leidenschaften, die moralische Verderbtheit mit sich bringen. In seinen Vorstellungen sah er sich selbst, wie er auf einem Gartenpfad wandelte und auf eine Terrasse stieg, um sich an der Betrachtung des Mondes zu erfreuen.

218 Gartenkorridor im Garten Da guan yuan, Beijing.

219 Gartenszenerie mit Nadelbäumen „auf der Ebene“, Museum der Zeitgenössischen Literatur, Beijing.

Gehe den Weg – er windet sich um den Berg,
über dem Quell wirst du einen kleinen Pavillon sehen
mit einem gebrochenen Dach.
Ein frommer Mönch baute ihn hier,
den Namen jedoch gab ihm der Gauvorsteher der Stadt Bu.

Ouyang Xiu, 11. Jahrhundert (1)

Ordnung in der Vielfalt

Die Chinesen sehen eine Naturszenerie erst dann als vollständig an, wenn in ihr ein menschliches Wesen Spuren seines Daseins hinterläßt, die zeigen, daß jemand hier war, um die Berge zu sehen, die an der Grenze „zwischen Sein und Nichtsein" liegen, und danach erst seinen Weg fortsetzte. Die Maler drückten dies aus, indem sie die Landschaft durch kleine menschliche Gestalten belebten, nicht größer als ein Reiskorn, durch einen Steg über einen Gebirgsbach, durch eine Fischerhütte am See oder durch einen Pavillon.

Bauten in chinesischen Gärten hatten jedoch auch eine praktische Funktion. Sie dienten zum Wohnen, zum Ruhen, zum Ausüben intellektueller Aktivitäten, wie Dichten, Kalligraphie, Studium und Meditation, man legte hier Sammlungen von Antiquitäten, Büchern und seltenen Drucken an, hier fanden Konzerte und Theaterveranstaltungen statt. Sie waren auch Stätten gesellschaftlicher Zusammenkünfte, für große und

221 Szenerie im Garten mit Steinen aus dem See Taihu. Holzschnitt aus dem mittelalterlichen Roman „Jin Ping Mei", Ende des 16. Jahrhunderts.

222 Verse und Dedikation in Gärten findet man nicht nur auf Säulen, Holz- und Steintafeln, sondern auch auf dem Fensterglas der Pavillons. Yi yuan, Suzhou.

220 Steinerne Zickzack-Brücke und Pavillon im Garten der Weiten Aussichten, Beijing.

223 Die Säulen wurden mit Aufschriften verziert, deren Sinn die Atmosphäre des Gartens prägte. Die Türen und Balustraden hatten Füllungen mit interessanten Ornamenten.

kleine Familienfeste und diskrete Liebesbegegnungen.

Besucht man Gärten in beliebigen Teilen Chinas, staunt man beim Anblick ihrer Architektur über den Erfindergeist und die handwerkliche Meisterschaft der Gestalter. Obwohl für diese Bauten ein hoher Standardisierungsgrad auf Modulargrundlage typisch ist, überraschen sie uns immer wieder mit etwas Neuem, Ungewöhnlichem. Sie können rustikal einfach sein, heimisch freundlich, poetisch verspielt und auch feierlich würdevoll, immer im Einklang mit ihrer Umgebung und Aufgabe. Deshalb werden sie einzeln nicht wahrgenommen, jedoch in Verbindung mit dem See, an dessen Ufer sie stehen, mit dem Berghang, den sie zieren oder mit der stillen Ecke, in deren Dickicht sie sich verborgen halten. Sie unterscheiden sich durch Dachformen, Fenster, Säulen, durch die Schnitzkunst der Balustraden, Kurven der Galerien, Ornamente oder Gitter der Fensterfüllungen, durch Plejaden von Farbtönen zwischen dem Grau der Dächer bis zum hellen Rot der Säulen oder satten Grün und Blau bemalter Dachstühle der Gartenkorridore. Dabei sollen sie jedoch, wie Ji Cheng betont, elegant und einfach bleiben, denn sonst wirkt der Garten nicht vornehm, sondern vulgär, und das war für die chinesische Intelligenz ein abstoßender Gedanke. (2)

Die gebildeten Größen der Vergangenheit haben sich für die Gartenbauten verschiedene Namen ausgedacht, z.B.:

224 „Tor der Gebete für gute Ernte im Neuen Jahr". Die Eingänge zu Palastgärten sind oft reich verziert und mit Inschriften versehen.

nannt „vier Bauten und in der Mitte der Hof", si he yuan. Von ihm werden alle weiteren Varianten abgeleitet. Das bringt in die Bauten, die scheinbar frei im Gartengelände umherstehen, eine Einheit und Disziplin, diese unentbehrliche „Ordnung in der Vielfalt". (3)

Unter den Gartenbauten wirken am würdevollsten die Hallen, tang. Früher dienten sie den eigentlichen Zusammenkünften, ob familiären oder gesellschaftlichen. Das Interieur ist mit dem Garten durch Terrassen, dai, verbunden, wie bei der Halle des Entfernten Geruchs, Yuan xiang tang, in Suzhou, oder im Garten des Bescheidenen Politikers. Diese Halle ist dadurch interessant, daß sie „nach allen vier Seiten geöffnet ist", si mian tang, und es gibt von hier einen durch nichts gestörten Ausblick in die Umgebung, mit der sie verschmilzt. Manchmal liegt an der Halle ein eleganter Hof, wie z.B. an der Magnolienhalle im gleichen

225 Geschnitzte Türen, die das Interieur mit dem Garten verbinden. Detailansicht. Garten des Meisters der Fischernetze, Suzhou.

226 Verzierung der Deckenbalken im Pavillon. Beihai, Beijing.

Pavillons, Türme oder Hallen der „Grünen Herrlichkeit", der „Blauen Wellen", des „Lotosgeruchs", des „Wartens auf Frost", der „Begrüßung des Regens", des „Verstummenden Windes", des „Kühlen Frühlings", des „Sammelns der Schönheit", des „Anhäufens von Liebenswürdigkeiten und lobenswerten Tugenden".

Der bebaute Raum nimmt ungefähr die gleiche Fläche wie der natürliche Teil des Gartens ein. Beide Teile ergänzen sich auch, ohne daß einer hervorragt.

Grundlage der Garten- ebenso wie der Gebäudearchitektur ist das traditionelle chinesische Modul, ge-

227 Eine kleine Marmorbrücke. Garten an der Pagode Beisi, Suzhou.

Garten. Ihn zieren Bäume, deren Namen er trägt, Bambus und Pfingstrosen. Steinkompositionen entlang der Südwand bilden eine intime Atmosphäre.

Der meist typische Bau aller chinesischen Gärten ist der Pavillon, ting, der nach Ji Cheng die Quintessenz des Gartens bildet. Man sagte nicht umsonst: Wenn du einen Pavillon hast, hast du einen Garten. Die eigentliche Aufgabe eines Pavillons war es, die Schritte des Wanderers an der Stelle anzuhalten, die einen ungewöhnlichen Ausblick bot. Der Pavillon machte eine lange Entwicklung durch und hat unterschiedliche Formen, von einfachster Überdachung bis zu einem anspruchsvollen dekorativen Bau. Der Erfindungsgeist der Erbauer von Gartenpavillons hatte scheinbar keine Grenzen. Eines der aktuellen chinesischen Bücher führt neunzig Typen von Pavillons entsprechend dem Grundriß an.

Dieser kann quadratisch, kreisförmig, dreieckig, sexagonal, oktogonal oder kreuzförmig sein... Unterschiede bestehen auch in der Überdachung vom südlichen Typ mit hochgezogenen Ecken bis zu rustikalen strohgedeckten Dächern. Nach dem undogmatischen Ji Cheng gibt es für die Wahl, wo der Pavillon stehen soll, keine Regel. Der Erbauer hat die Freiheit seines eigenen Geschmacks, seiner Vorliebe und Phantasie zum Aufbau eines solchen Pavillons, der den Garten anders, unvergeßlich macht. Pavillons baute man ja auch auf Brücken, wie man in Yangzhou und in anderen Städten sehen kann. Manche Gärten tragen ihren Namen nach dem Hauptpavillon. Zu denen gehören unter anderen der Beijing-Park Tao ran

228 Grundtypen von Gartenpavillons, nach Feng Zhongping.

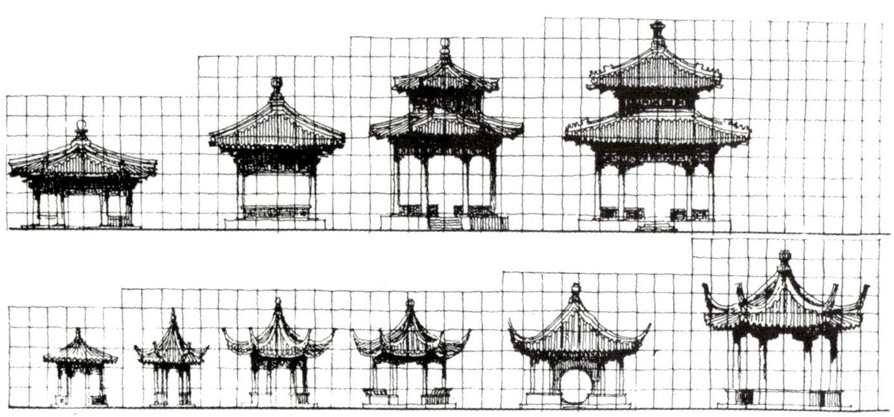

229 Vieleckiger Pavillon mit doppeltem Dach, Chengde.

230 Der „Pavillon in der Seemitte“, Hu xi ting, wird wegen des schönen Anblicks seiner Spiegelung im See bewundert. Die Mönche züchten im See Fische und Krevetten. Westgarten, Xi yuan, Suzhou.

ting oder der Suzhou-Garten Cang lang ting.

Welche Erlebnisse der Besuch eines Pavillons bringen kann, beschrieb im 18. Jahrhundert der gebildete Shen Fu, Landsmann aus Suzhou, in seinen Erinnerungen „Sechs Aufzeichnungen über ein unstetes Leben“, Fu sheng liu ji: „Der Pavillon der Grünen Gewässer erhebt sich auf dem Gipfel eines Erdhügels. Als wir über die Stufen bis zu seiner Mitte gelangt waren, konnten wir ringsum mehrere li weit sehen. In allen vier Himmelsrichtungen stieg der Rauch der Herdfeuer auf, und das Abendrot loderte förmlich... Der Wächter kochte Tee, den er uns brachte, und bald darauf stand der Mond hell über den Baumwipfeln. Allmählich spürten wir, wie der Wind um unsere Ärmel spielte, und der Mond leuchtete mitten auf den Wellen. Alle profanen Gedanken und weltlichen Erwägungen waren wie weggeblasen.“ (4)

Eine ganz besondere Aufgabe hatte im Garten des Bescheidenen Politikers der Pavillon des Wartens auf Frost, Dai shuang ting, den man dort bis zum heutigen Tag besichtigen kann. In seiner ursprünglichen rustikalen Form erfaßte ihn der Ming-Maler Wen Zhengming. Unter dem Vordach des strohgedeckten Daches wartet eine einsame Gestalt eingemummt in warme Kleidung auf den Augenblick, wenn über die Mandarinen auf den umliegenden Bäumen der Frost hereinbricht, erst dann erhalten sie den echten Geschmack und man kann sie ernten und dem Kaiser schenken.

Von der Beziehung der Chinesen zu Pavillons und deren Verehrung als Kulturstätten und historische Denkmale zeugt auch das Museum der Repliken der Berühmtheiten aus ganz China, das im Park von Beijing, Tao ran ting, entstand. Bei seinem Anblick werden fern vergangene Handlungen, die hier stattgefunden haben, vor den Augen der Besucher wieder lebendig. Hier sieht man den berühmten Orchideenpavillon, wo Wang Xizhi seine

231 Pavillon in Fächerform. Garten des Bescheidenen Politikers, Suzhou.

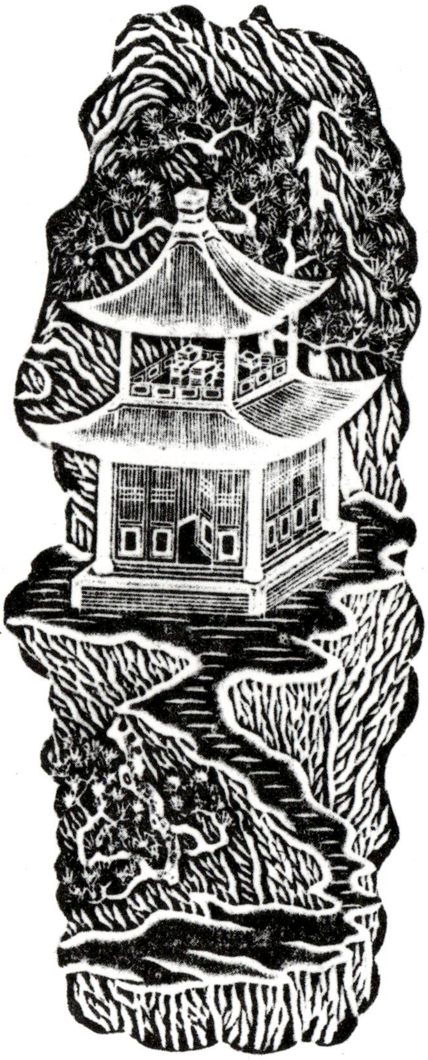

232 Pavillon im kleinen See mit Quellwasser, Tusche-Tafel, Shi Gufeng.

Freunde traf, es fehlt auch die strohgedeckte Hütte des Du Fu nicht oder der Pavillon des alten Trinkers, über den Ouyang Xiu schrieb.

Ins Bewußtsein nicht nur der Chinesen, sondern auch der Fremden, die sich für die chinesische Kultur interessieren, trat vielleicht außer den Pavillons am meisten das mehrgeschoßige Lustschlößchen, lou, wörtlich übersetzt Turm, denn es ist ein Bestandteil des Titels eines berühmten chinesischen Romans aus dem 18. Jahrhundert,

233 Sechsseitiger Kreispavillon mit interessantem Preisendach, „Bambushut". Garten des Lockeren Spazierens, Liu yuan, Suzhou.

234 Die Kakipflaume (Diospyros kaki) – das Symbol des Übergangs vom Herbst zum Winter.

Hong lou meng, „Traum des roten Turmes“, dessen gesamte Handlung sich im Garten abspielt. „Lou, das ist einfach ein Haus mit mehreren Stockwerken“, charakterisiert diese Art der Architektur kurz Ji Cheng. [5] Es gibt zwei Stockwerke, manchmal auch mehr. Ringsherum sind Fenster, oft auch eine Galerie. Lou findet man im Seiten- oder hinteren Teil des Gartens, so daß er nicht durch seine Höhe den Hauptraum stört und auch einen ungestörten Ausblick auf den gesamten Garten und seine Umgebung ermöglicht. So ist der Turm der Bergaussichten, Kan shan lou, ideal im südlichsten Gartenteil des Pavillons der Grünlichen Wellen plaziert. Diesen Bau mit Steingründung, Aussichtsterrasse und auffälligem Dach bezeichnet man als den schönsten lou von Suzhou. Nicht weniger bekannt ist der Turm des Rezitierens von Versen im Garten der Dichterin Xue Tao (an der Wende des 8. zum 9. Jahrhundert erbaut) in ihrem heute noch existierenden, dem Fluß Wang zugewandten Garten, Wang jiang lou, in Chengdu. [6]

Ein wichtiger Bestandteil des Gartens sind Lustschlößchen, chinesisch guan oder xuan genannt. Es sind nicht allzugroße Bauten, bestimmt für zeitweilige Unterkunft. Im Bedarfsfall boten sie Wanderern und Gästen Übernachtung. Waren sie jedoch etwas breiter angelegt, wie das Lustschloß der sechsunddreißig Paare von Mandarinenten, Sanshiliu yuan yang yuan, im Garten des Bescheidenen Politikers,

235 Pavillon – Glockenturm mit Etage im Garten des Klosters des Kühlenden Berges, Hanshan si. Den Namen erhielt der Garten nach dem Umbau des Klosters, das hier in den Jahren 502 bis 557 in der Zeit der Liangs gestanden hatte. In der Zeit der Tangs lebten hier die zwei lächelnden Mönche, die Dichter Hanshan und Shide, deren Schicksale, Verse und Ansichten nicht nur in ganz China, sondern auch in Japan bekannt sind. Im Kloster gibt es kalligraphische Aufschriften bedeutender Maler der Ming-Zeit: Wen Zhengming (1470 – 1559) und Tang Yin (1470 – 1523).

236 Terrasse und Lustschloß „xuan“ über einem See, Hangzhou.

hielt man dort Banketts und Theatervorstellungen ab. Ihre Architektur ist auch sehr unterschiedlich, sie entspricht jedoch immer dem Zweck des Gebäudes. Die Lustschlößchen standen meist an Seen oder sie bildeten abgeschiedene Ecken mit Hof. An ihren Fenstern findet man meist einen Bananenbaum, bawu, mit breiten Blättern, die Regentropfen auffangen, was eine „Musik“ entlockt, die dem chinesischen Gehör über alles lieb ist.

Mit den Lustschlößchen dieses Typs haben Zufluchtsorte, zhai, die ursprünglich auf einfache Mönchsbehausungen hingewiesen haben, einige gemeinsame Züge. Dieses geistige Gepräge blieb ihnen auch in den Gärten erhalten. Zhai mit Hof sind für gewöhnlich abgeschieden plaziert, damit das größtmögliche Gefühl des Alleinseins geweckt wird. Sie werden von Bäumen und Sträuchern umgeben, so daß man die Schritte der Vorübergehenden nicht hört. In Stilgärten findet man die zhai rustikal gebaut, mit Strohdach. Die Wände sind mit Schlingpflanzen bewachsen, vor dem Häuschen liegt ein Garten mit einem aus Ruten geflochtenen Zaun, einfachem Pförtchen aus krumm gewachsenen Baumstämmen und wilder Weinrebe. Hinein führt ein Weg, mit Gras halb verwachsen und Steinen, die an Fischschuppen erinnern. Es genügt ein Blick auf das Pförtchen, und der Besucher begreift den Sinn des

Bildgestaltung und zu Kalligraphieübungen. Ein solcher Ort war ohne Zweifel das bescheidene, jedoch elegante Studio des späten Frühlings, Dian chun yi, im Garten des Meisters der Fischernetze. Es ist ein Holzbau mit abgeschlossenem Hof, wo alles seinen kleinen Abmessungen angepaßt ist. An die weiße Wand angelehnt steht ein Pavillon des Typs yuan, den man für gewöhnlich im Gebirge zu bauen pflegte, wo der Felsen die Hinterwand bildete. Das Element Wasser wird durch den smaragdgrünen Brunnen Han bi quan repräsentiert. Die Replik dieses Ortes kann man im Astonhof (Aston Court) im

237 Zhou Mingmin: Fünf Pavillons im See bei der Felsenklippe der Sieben Sterne. Zeitgenössischer Gobelin, Suzhou.

238 In der Nähe der Häuser pflanzte man Bäume mit breiten Blättern. Sie ermöglichten es, der „Musik der Regentropfen" zu lauschen.

239 Plan eines Gartenpavillons, Detailzeichnung.

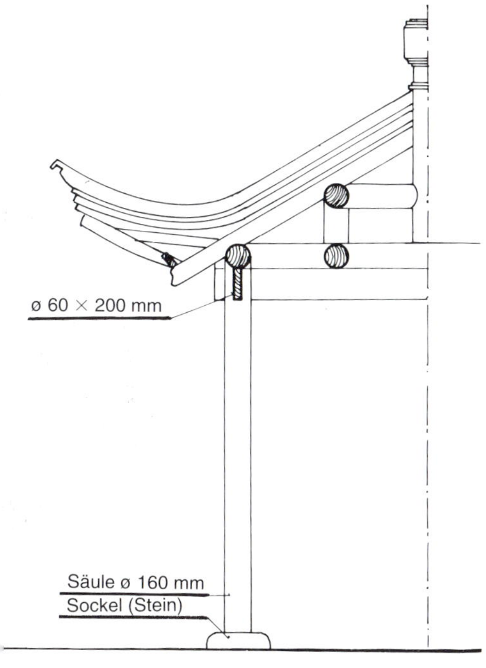

Metropolitan Museum in New York sehen.

Ein anderes Beispiel, wie man ästhetisch wirkungsvoll auch einen sehr kleinen Hof an einer Studierstube nutzen kann, ist ein Haus im Gäßchen Wang xi ma in Suzhou, das als Modell für einen Zufluchtsort inmitten des städtischen Treibens dient. Der Literat blickte von seinem Tisch im Studierzimmer in den von Mauern umgebenen Gar-

Baus, es wird ihm bewußt, daß es sich um einen Zufluchtsort von Dao-Anhängern handelt. Das alles inspiriert ihn zu Überlegungen über den Reiz dieser Art des Lebens und vermittelt ihm ein Gefühl der Beruhigung.

Unverzichtbarer Teil des intellektuellen Lebens war die Studierstube, shu fang. Sie bot, ähnlich wie zhai, ein ideales Milieu für das Studium, zum Nachdenken, zur

240 Bild eines alten Baumes. Die Dichter und Maler drückten ihre Bewunderung für alte Bäume durch Dedikationen und Verse aus. Bis zum heutigen Tag werden sie in Gartenpavillons ausgestellt. Garten des Meisters der Fischernetze, Suzhou.

tenhof, der durch Steinkompositionen geschmückt war. Es gibt hier auch einen Pavillon, wo ein mäßig ansteigender Korridor zu einem Tisch mit eingebautem Schachbrett und zwei Porzellanstühlen führt – ein Stilleben, das den Gastgeber und seinen Gast zu einer Partie wei qi einlädt. (7)

In der Provinz Guangdong wurde es zur Gewohnheit, das Studierzimmer und die zugehörigen Bauten getrennt vom Wohnhaus zu errichten, damit die Atmosphäre mög-

241 Steinbrücke mit Pavillons. Die Mehrzahl der heutigen Gartenbauten auf beschränktem Raum kontrastiert mit dem ursprünglichen Plan des Schöpfers des Gartens Löwenhain, des Malers und Architekten Ni Zan. Er betonte den rustikalen Charakter des Gartens, den er zusammen mit anderen Künstlern als Platz für Meditationen einer kleinen Gruppe von Mönchen geschaffen hatte.

in vielen Gärten von Suzhou. Im nahen Städtchen Tongli, Ji Chengs Geburtsort, welches in der Gunst wohlhabender Rentner stand, die hier bereits seit der Ming-Dynastie Gärten gebaut haben, gibt es im anmutigen Garten des Tiefen Nachdenkens, Dui si yuan, auch einen Schiffspavillon.

„Schiffe, die niemals auslaufen" kamen aus dem Süden auch in die nördlichen Gärten. Das berühmteste ist das pompöse Bankettschiff der Qin-Zeit im Sommerpalast bei Beijing. (8)

Aussicht und Verbindung zur weiten Ferne vermittelten Terrassen, dai, umgeben mit dem Hauch des Mystischen, von dem sie aus ferner Vergangenheit begleitet werden, als sie noch zur Kommunikation mit Göttern dienten. Wenn sie in freier

242 Studierstube „chai" im Garten Ou yuan. In der Vergangenheit trafen sich hier alljährlich am Geburtstag des songschen Dichters Su Dongpo (1036) die Gebildeten, um seine Verse und Essays zu lesen.

243 Pavilon im See, Tongli.

lichst ruhig blieb. Auch hier grenzte ein Gartenhof an, den oft Bonsaibäumchen in Schalen schmückten.

Ein beliebter, wenn auch etwas unüblicher und ein wenig kitschiger Bau in chinesischen Gärten ist der fang – ein Lustschlößchen in Form eines „Schiffes, das niemals auslaufen wird". Durch die Tatsache, daß der „Bug" im See liegt und den unmittelbaren Genuß des Wasserspiegels ermöglicht, wird jedoch die enge Beziehung der Bewohner des Gebietes Jiangnan zu Schiffen symbolisiert, die hier nicht nur ein wichtiges Verkehrsmittel, sondern wegen des warmen Klimas auch oft ihr Wohnobjekt darstellen. Auf dem Schiff wurden feierliche Festessen gehalten. Genutzt wurde es jedoch auch wochentags, wenn es zum Ausruhen bei einer Tasse Tee lockte. Pavillons dieser Art findet man

244 Die Vorstellung von Gebirgsseen kann man auch in Ebenen durch Steine und Wasser entstehen lassen, Yangzhou.

245 Mächtige gemauerte Gitter eignen sich für Fenster der inneren Gartenmauern. Garten am Hageren Westlichen See, Yangzhou.

246 Die Öffnungen in den inneren Gartenmauern sind sehr vielfältig und entsprechen mit ihrer Fertigungsart dem Gartenstil der einzelnen Regionen Chinas. Hier ein Durchblick in Form einer Flasche, Garten des Bescheidenen Politikers, Suzhou.

Natur vorkommen, nennt man sie Himmlische Terrassen, Tian tai, denn von hier scheint der Himmel mit den Händen erreichbar zu sein, während eine Terrasse am Seeufer das Gefühl entstehen läßt, als ob man über dem Wasser schweben würde. Und von der Mondterrasse, wie bereits ihr Name andeutet, kann man den Mond bewundern, der „im See badet".

Während die Terrassen in die Breite gebaut wurden, erheben sich Pagoden in die Höhe. Sie werden mit Buddhas Fingern verglichen und kamen mit seiner Lehre im 1. Jahrhundert n. Chr. nach China, wo sie heimisch wurden. Man findet sie in Städten, in freier Natur und in Gärten. Sie sind ein unabkömmlicher Bestandteil der Klosterarchitektur und gleichzeitig ein Muster des chinesischen Bautalents. Obwohl sie meist aus Holz gebaut sind, überdauerten einige ganze Zeitalter, und ihre malerische Architektur fesselte im 17. und 18. Jahrhundert auch Europäer in solchem Maße, daß sie zusammen mit Lustschlößchen und Brücken im Katalog der chinesischen Bauten in europäischen Gärten des 18. Jahrhunderts erscheinen. (9)

Nicht weniger wichtig als Pavillons, Lustschlößchen, Studierräume und andere Bauten waren Elemente, die die Gärten verbanden, vor allem überdachte Korridore, Pfade und Brücken. Diese versteht man in der Gartenkomposition als Linien, xian, während Gebäude Punkte, dian, sind.

Der Korridor ist eine Besonderheit chinesischer Gärten. Er wird gewöhnlich von Säulen mit einem Preisendach gebildet und ist dazu bestimmt, Bewegung im Garten bei jeder Witterung zu ermöglichen. Er vermittelt eine Folge kontrastierender Eindrücke, denn er dient als Verbindung zwischen Gartenkomponenten, in denen abwechselnd das Große und Kleine, das Helle und Dunkle, das Verschlossene und Offene, das Breite und Enge vorkommt. Wenn nach Ji Cheng die Korridore wirklichen Genuß bieten sollen, dürfen sie nicht gerade verlaufen, sie sollen sich winden, genügend lang sein und dem Charakter des Terrains entsprechen. Oft zieren sie einen Abhang, folgen

247 Ein neuer Garten mit traditionellen Elementen, Guangzhou.

248 Pagode der Sechs Harmonien umgeben vom Garten, Hangzhou.

dem Seeufer, verbinden einzelne Gebäude oder durchkreuzen manchmal den ganzen Garten. Es gibt verschiedene Typen von Korridoren – einseitig offen, beiderseits offen, in der Mitte durch eine Wand geteilt und endlich auch Korridore mit zwei Stockwerken. Jeder trägt dazu bei, daß der Raum des Gartens größer wirkt, und die Eindrücke vervielfältigen sich. Den Schrittrhythmus bestimmen die Stationen an Stellen, wo der Anblick des Pavillons, der Lotosbucht, eines alten Baumes oder einer anderen Szenerie erscheint.

Ein Stich auf einer Stele, die den Pavillon der Grünlichen Wellen darstellt, zeigt anschaulich aus der Vogelperspektive, wie sich durch den Garten und ringsherum ein überdachter Korridor windet. Durch einen ähnlichen Korridor war auch der Garten Sui yuan des Dichters Yuan Mei (1716 – 1798) in Nanjing bekannt. (10)

Während in Südchina die Korridore verhältnismäßig eng und niedrig sind, sind sie in nördlichen Gärten geräumiger, wie z.B. der Lange Korridor im Garten Yi he yuan bei Beijing.

Den Gartenraum teilen weiterhin Gartenmauern, in denen es verschieden geformte Durchgänge gibt, wie z.B. Mondsichel, Kürbisfrucht, Flasche, Lotosblatt, Vase u.a. Auch die Fenster in der Mauer sind abwechslungsreich. Sie sind rund wie der Vollmond, schmal wie eine Sichel, oval wie ein Ei des Kranichs, ähneln einer Blüte des

249 Pagode auf einer Insel. Dankbares Thema für eine ausgeliehene Szenerie, Jie zi yuan hua zhuan.

250 Die Weiße Pagode mit dem Garten in Luoyang, einer Stadt, die auch durch hervorragende Gärten in der Zeit der Sui-Dynastie (582 – 618) bekannt war.

durchziehen und sich entsprechend seinem Charakter durchwinden.

Breite Gartenwege haben etwas Ehrwürdiges an sich, etwas Feierliches, sie zwingen uns nicht zur Eile, gewähren einen Rundblick und Behaglichkeit. Manchmal verändert sich ein solcher Weg auch plötzlich, wird enger und führt uns an einen stillen, abgelegenen Ort. Unmittelbar darauf klettert er den Berghang aufwärts, eingesäumt von Steinen, die „an Gnomen erinnern", die Windungen ähneln „Schafsinnereien". [11]

In chinesischen Gärten, wo es meist Seen und Wasserströme gibt, haben Brücken und Stege eine verbindende Rolle. Man kennt von ih-

Pflaumenbaumes, einer Begonie, Gardenie, eines Geißblattes. Sie haben ihre eigene Symbolik, ihre eigene poetische Sprache, niemals sind sie einförmig.

Gartenpfade hatten mit überdachten Korridoren viel Gemeinsames, für sie ist die Mannigfaltigkeit der Linien und Veränderbarkeit charakteristisch. Sie können freundlich und friedlich, ebenso aufregend bis dramatisch sein.

Gartenpfade sind nicht die kürzeste Verbindung zwischen zwei Punkten, sie sind im Gegenteil dazu bestimmt, Erlebnisse zu vervielfachen und zu verlängern. Das wichtigste ist, daß sie das Terrain

251 Steingärten schufen die Gärtner überwiegend mit Steinen aus dem See Taihu. Sie bemühten sich, eine Struktur- und Formvielfalt zu entwickeln. Über Jahrhunderte führte man Diskussionen darüber, ob man in den Ritzen der Steingärten Pflanzen ziehen sollte oder nicht.

Brücken sind aus Stein oder Holz, gebogen wie der Rücken eines Tigers oder sogar wie ein Kamelhökker. Sie unterscheiden sich nach dem Gartentyp. In kaiserlichen Gärten sieht man Brücken aus weißem Marmor mit reich verzierten Balustraden, während in den Literatengärten eher rustikale Brükken und Stege aus Steinplatten zu finden sind. Raffiniert sind sich windende Übergänge über ein Gewässer. Größere und kleinere Brücken und Stege erinnern an Naturecken, echte oder vielleicht auch ideelle, die von chinesischen Malern und Bildhauern festgehalten wurden.

Zur Ordnung in der Vielfalt in chinesischen Gärten trägt das Ornament bei, das mit seiner gut organisierten Form geschmeidig und natürlich mit Gartenszenerien kontrastiert, es bringt in das Gartenareal Dynamik ein und bereichert es um eine spezifische Weltbetrachtung. ([12]) Die Chinesen waren sich der Bedeutung des Ornamentes voll bewußt. Auch in den Gärten trug es zur Bildung eines entsprechenden Lebensmilieus bei.

Die Forscher sind sich darüber einig, daß die Ornamente und Muster den Niederschlag des Gedächtnisses einer bestimmten Gesellschaft

252 Langer Korridor, der längste Bau seiner Art in chinesischen Gärten. Sommerpalast, Yi he yuan, Beijing.

nen viele Arten, und deshalb ist es nicht schwierig, den Grundsatz beizubehalten, daß in einem Garten niemals zwei gleiche Brücken vorkommen sollten. Die Brücken sind für die Chinesen ein Garant dafür, daß das lebensspendende Fluidum, qi, gleichmäßig den ganzen Gartenraum durchdringen wird.

253 Ein Weg im Bambushain „windet" sich dahin und „erschwert" so das Eindringen unlauterer Elemente in den Garten.

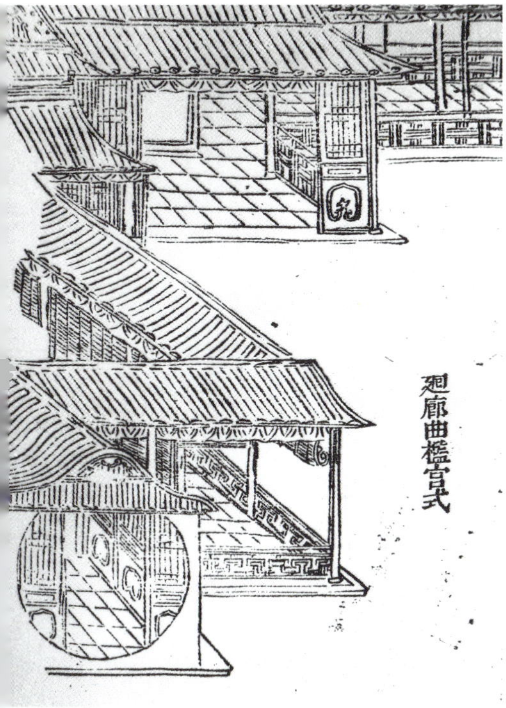

254 Gartenkorridor. Manuale Jie zi yuan hua zhuan, 1679.

255 Pavillon mit Brücke, Garten der Weiten Aussichten, Da guan yuan, Beijing.

darstellen und meist spezifische Merkmale aufweisen. In China besitzt das Ornament eine sehr alte Tradition. Es war „ein Abbild, das die Eigenart der himmlischen und irdischen Erscheinungen versinnbildlichte". Schon die neolithische Keramik weist abstrakte Ornamente auf. Es läßt sich vermuten, daß sie das Wesen des Geschehens in der Natur, seine Bewegung und seinen Rhythmus ausdrückt. Im Grunde sind für sie die gleichen Elemente kennzeichend, die auch in der Ornamentik der Gärten anzutreffen sind. Zu ihren Motiven gehören Wellenlinien, Spiralen und Kombinationen gerader Linien. Das Ornament in seinen mannigfaltigen Formen wurde zu einem untrennbaren Bestandteil der Ästhetik der Gartenkunst und das in einem solchen Maße, daß es zumeist nicht als selbständiges Element betrachtet wird. Diese Komponente der Gartengestaltung verdient größere Aufmerksamkeit.

256 Eine sich windende Gartensteinbrücke, Taipei.

Die Veränderlichkeit und strenge Ordnung des Ornaments läßt sich in den Gärten vor allem an der Verzierung von Fenstern, Balustraden, Füllungen der Luken in den inneren Gartenmauern sowie am Pflaster der Gartenpfade verfolgen. Über diese Ornamentik schrieb schon Ji Cheng in seinem Manual, in dem er auch die Muster der wichtigsten traditionell verwendeten Ornamente behandelte. Die meisten von der Steine, Pflanzen und Blätter verwoben, die hinter ihnen auftauchen.

Beim Pflastern der Pfade war die Realisierung der meisten Muster von der Handfertigkeit und der Geduld der Handwerker abhängig. Sie schaffen aus Steinchen und Ziegelbruch so künstlerische Ornamente, daß man das Gefühl hat, man schreitet über einen Teppich oder eine Stickerei. Die Pflasterung

257 Schmetterling und Blume. Das Design aus kleinen Steinen ziert den Gartenweg, Yi yuan, Suzhou.

258 Das Pflastern von Gartenwegen wurde zum selbständigen Handwerk. Es wurden Gartenhöfe, Eingänge in Studierstuben, Wege u.a. gepflastert. Garten Ou yuan, Suzhou.

259 Einer der künstlerisch gestalteten Gartenwege, die zu der Stelle führen, wo man in früherer Zeit im Garten Antiquitäten besichtigt hat.

ihnen fesseln den Betrachter auch heute durch ihre sinnreiche Gestaltung und ebenso durch ihre selbstverständliche und wirkungsvolle Eleganz.

Man befolgte den Grundsatz, auf verhältnismäßig kleinem Raum verschiedene Muster zu kombinieren, aber immer so, daß sie ihren inneren Zusammenhang bewahrten und ungeachtet ihrer Verschiedenartigkeit harmonisch wirkten. Auch ihrer Symbolik mußte Rechnung getragen werden. Dasselbe Prinzip lag auch den Ornamenten aus Mauerwerk zugrunde, welche die Öffnungen der inneren Mauern ausfüllten. Sie sind mit den Linien

260 Keramik- und Porzellansammlung. Zu den Gartenfesten gehörte auch ein Treffen der Liebhaber von Antiquitäten. Garten des Meisters der Fischernetze, Suzhou.

hatte immer einen engen Bezug zum Ort, an dem sie Verwendung fand. So wurde der Pfad, der zum Lustschlößchen mit Antiquitäten führt, durch aufwendigen Dekor ritualer Dreifüße und Vasen der Han-Dynastie verziert. An anderen Stellen wirkt ein unregelmäßiges Ornament wie „geborstenes Eis" durch hervorragende Eleganz. Zur behaglichen Atmosphäre steuerten Glückwunschsymbole bei, wie z.B. der Kranich oder Zeichen langen Lebens und Glücks, die im Pflaster festgehalten wurden. „Die Pfade kann man konventionell pflastern",

261 Toröffnung in der inneren Gartenmauer in Form einer daoistischen Flasche aus Kürbis, in der die Unsterblichen das Lebenselixier trugen.

262 Fenster in der inneren Gartenmauer mit Ziergitter. Garten am Tigerhügel, Suzhou.

schreibt Ji Cheng, „aber Treppen, die sollen stets anziehend wirken. Dort sollen unter den Füßen Lotosblüten aufblühen". [13] Auch das schaffen chinesische Steinmetze.

Ornamente an Balustraden sind um so wirkungsvoller, je einfacher sie sind, ganz gleich, ob sie durch Viereckkombinationen, Drei-, Vier- oder Achtecke oder Wellenkombinationen gebildet werden.

Nach gleichen Prinzipien sind auch Ornamente der Gitterpaneele angelegt, die die Durchblicke der Innenwände füllen. Sie vermischen sich mit den Gesteins-, Pflanzen- und Blattlinien, die hinter ihnen auftauchen.

Die chinesische Gartenarchitektur machte im Verlauf der Zeit viele Änderungen durch. Meist blieb für sie die Ausgewogenheit der Funktion und des ästhetischen Ausdrucks charakteristisch, was nicht nur ihre Anziehungskraft vergrößert, sondern ihr auch Dauerwert verleiht.

Gesang, Musik, Tänzerinnen,
Blumen weiß wie Schnee ...
Und doch ...
Am meisten liebte der Kaiser
den Glanz des Mondes.

Ein unbekannter Verfasser
über den Garten Yuan ming yuan

INSPIRATION DER KAISER

264 Stiller Winkel im Garten Zhong nan hai. Das war der Ort, zu dem die Kaiser Kangxi, Yongzheng und Qianlong jedes Jahr rituell zum Ackern kamen. Shi Gufeng.

Schon die ersten Kaiser der Qing-Dynastie, darunter besonders Kangxi, Yongzheng und Qianlong, obwohl ursprünglich Mandschuren, übernahmen die chinesische Kultur und unterlagen ihrem Zauber. ([1]) Nach dem Muster chinesischer Literaten schrieben sie Gedichte, widmeten sich der Kalligraphie und der Malerei oder interessierten sich zumindest für sie, gründeten Gärten und ließen sich von ihren Hofmalern, umgeben von Antiquitäten, in Gelehrtenkleidung mit Pinsel und Papierrolle in der Hand porträtieren.

Große Bedeutung für ihre Beziehung zur Gartenkunst hatten zahlreiche Reisen in den Süden, die aus politischen und wirtschaftlichen Gründen durchgeführt wurden. Die Achtung der dortigen Einwohner, die ursprünglich den Mandschuren alles andere als freundlich gesinnt waren, erreichten sie nicht nur durch geschickte Reitkunst und als gute Bogenschützen, sondern auch dadurch, daß sie bei jeder Gelegenheit zeigten, was sie über die chinesische Kultur wußten. Sie interessierten sich ebenso lebhaft für historische Denkwürdigkeiten und örtliche Gewohnheiten. Ihre Eindrücke kommentierten sie in Versen, die danach auf Stelen gemeißelt wurden und die bis zum heutigen Tag

265 Verzierungen in Form von Tierköpfen auf Metallgefäßen für Wasser, Gu gong, Beijing.

263 Eingangspforte in den Park. Gräber der Mings. Badaling.

266 Jiashan, der „künstliche" Berg. Traditionelle Anordnung in Form eines Gebirges in einer gemauerten „Schale". Kaisergarten, Beijing.

267 Bemalung der Türen zum Pavillon.

268 Eleganter Gartenpavillon, genannt Kühlendes Jadegefäß voll Düfte, südlich des Frühlingsschlößchens im Garten Yuan ming yuan. Tusche-Tafeln, Shi Gufeng.

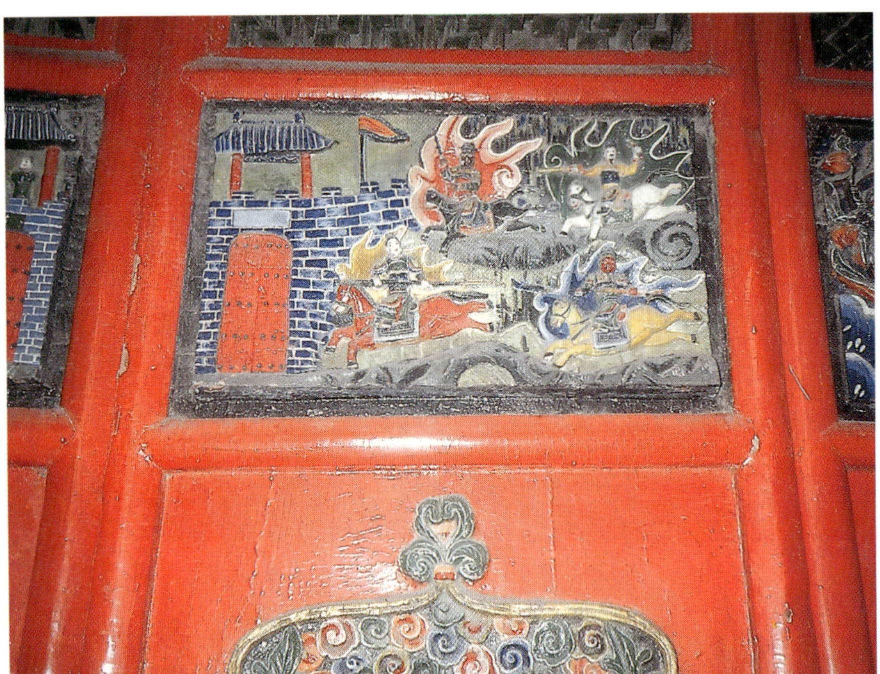

269 Bambushain am Jadeitpalast des Gu gong, Beijing. Tusche-Tafel, Shi Gufeng.

270 Skulptur eines Fabeltieres im Kaisergarten in Beijing.

271 Anhäufung von Bambus im Garten, Südchina.

verschiedene Gedenkstätten schmücken.

Südchinesische Gärten mit wechselnden Szenerien, intimen Höfen und mannigfaltiger Architektur haben sie verzaubert. Nach ihrer Rückkehr in den Norden fingen sie an, ihre eigenen Gärten zu gestalten, die „Bildern ähnlich" sahen, wie sie ihnen von Suzhou, Hangzhou und von anderen Städten aus dem Delta des Langen Flusses (Jang zi) bekannt waren.

Der Kaiser Yongzheng beschrieb, mit welcher Freude er im Jahr 1709, in der Zeit, als er noch ein junger Prinz war, von seinem Vater ein kostbares Geschenk erhielt. Es war der Garten des Vollkommenen Glanzes, Yuan ming yuan, wie ihn Kangxi selbst benannt hatte, und die drei Zeichen des Namens schrieb er mit schöner Handschrift auf eine Holztafel, die über einem Gartentor angebracht wurde. Der Begriff „vollkommener Glanz" drückte die moralische Integrität aus, die wichtigste Eigenschaft des Herrschers. Auch diesbezüglich war der Garten ein Vermächtnis des Vaters an den Sohn.

Als der Prinz mit seinem Vater durch den Garten, der in nicht allzugroßer Entfernung westlich von Beijing lag, spazierte, schien es

272 Dachabschluß – Preisen mit Drachenmotiv, Suzhou.

273 Schachartige Plazierung der kaiserlichen Pavillons am Ufer des Sees Beihai, Beijing.

ihm, daß die „Bäume, Blumen und auch das Wasser in ihrer Schönheit die Freude mit ihm teilten". [2]

In diesem Garten, den Yongzheng zu seinem Sitz wählte, war ein großer See, Schwarzes Meer genannt, mit neun Inseln, die die neun Provinzen des alten China darstellten.

Qianlong, der vierte Sohn Yongzhengs, der die Herrschaft nach dem tragischen Tod seines Vaters übernahm – er verstarb an den Folgen einer Verletzung nach einem Sturz vom Pferd bei einem Spazierritt durch den geliebten Garten, was als Ironie des Schicksals bezeichnet werden kann – übertraf durch seinen staatsmännischen Überblick und sein breites Interesse auch seinen Großvater Kangxi.

274 Wang Jingzhi und Zhang Dexiang (Maler): Garten Yuan ming yuan, Mittelteil. Zeitgenössisches Gemälde, Beijing.

Außerdem errang er den Ruf eines ausgezeichneten Gartenkenners. Den Garten Yuan ming yuan, das Erbe, das er vom Vater übernahm, erweiterte er um den Garten des Ewigen Frühlings, Wan chun yuan, und um den Garten des Langen Frühlings, Chang chun yuan, und schuf so ein großartiges, in der Welt einzigartiges Werk. (3)

Der Garten des ewigen Frühlings war im Norden Chinas ein Bild südchinesischer Landschaft, durch Menschenhand geschaffen. Er bestand aus Szenerien, die aufeinander folgten, und jede verbarg in sich den Keim der nachfolgenden, so daß der Garten vor den Augen des Besuchers wie ein horizontales Rollbild ablief. Seinen Augen offenbarte sich stets etwas, und etwas blieb absichtlich verborgen.

Bauten, die im Garten arrangiert waren, vermehrten in allen denkbaren Details den Genuß aus einzelnen Szenerien und des Gartens als Ganzes. Sie hatten Namen, die ihrer Plazierung und ihrer Funktion entsprachen: Haus der Bunten Wolken, Yuan jin xuan, Hütte der Ruhe, An wen chuang, Ort des Wartens auf Fische, Guan yu yue, Studierstube der sich neigenden Weiden, Shen liu du shu tang und viele mehr.

Auch eine große Bücherei, in der eine monumentale Sammlung chinesischen Schrifttums verwahrt war, die „Komplette Bücherei der vier Arten“, Si ku chuan shu, die 79 339 Bände zählte, fehlte nicht. (4)

Das Interieur zierten seltene Antiquitäten aus des Kaisers Sammlungen.

Der Garten war Schauplatz vieler Festlichkeiten. Der Kaiser beobachtete am liebsten den Vollmond, wie er sich auf dem Wasser des Sees spiegelte. An solchen Abenden war die Insel durch Lampen beleuchtet, und auf den Höhen flimmerten Lichter. Für alle Anwesenden waren es unvergeßliche Erlebnisse.

Der Garten war ein Miniaturbild des Reiches. Wenn der Kaiser ihn durchschritt, waren seine Gedanken im Einklang mit „kosmischer Musik“, seine schöpferischen Fähigkeiten belebten sich neu. (5)

Ganz anders sah der zweite Parkkomplex, der Garten des Langen

275 Der Fels der Azurwolke mit dem Hintergrund der roten Gartenmauer verstärkt die Wirkung des daneben wachsenden alten Baumes. Garten Zhongzhan, Beijing.

Frühlings aus, der durch seine Bauten im westlichen Stil ein besonderes Kapitel der Begegnung der chinesischen und der europäischen Kultur darstellte. Die Chinesen kannten damals die europäische Architektur nur von einigen christlichen Kirchen in Beijing und von verschiedenen Gravierungen, die zufällig zum kaiserlichen Hof gelangten, ohne weiteres Aufsehen zu erregen. Auch die Architekten der stande wäre, eine solche Besonderheit des Gartens zu konstruieren. Castiglione traf Absprachen mit dem Mathematiker Michele Benoisto, ebenfalls Jesuit, der mit der Hydraulik betraut war. Er arbeitete das Springbrunnenmodell aus. Der Kaiser war mit dem Entwurf einverstanden und gab Benoisto die Weisung, zusammen mit Castiglione nicht nur den Springbrunnen, sondern auch einige „Westgebäude"

277 Die Darstellung eines Drachen in den Wolken war nicht nur ein Kaisersymbol, sondern auch das Symbol der Energie des Alls. Garten Zhuo zheng yuan, Suzhou.

276 Bronzedrachen – ein hervorragendes Bildhauerwerk, das im Mittelteil des Kaiserpalastes in Beijing zu finden ist.

278 Zu den zierenden Designs im Kaisergarten gehörte stets das Drachenmotiv, das Symbol des Kaisers. Kaisergarten, Beijing.

Kirchen von Beijing, Belleville und Moggi arbeiteten für den Kaiser als Maler und nicht in ihrem Berufsfach. Qianlong fesselte die europäische Architektur offensichtlich zufällig, als ihm im Jahr 1747 eine Druckschrift in die Hände fiel, wo u.a. auch ein Springbrunnen abgebildet war. Eine solche Sache war etwas in China nie Dagewesenes. Da jedoch das Wasser ein bedeutender Bestandteil chinesischer Gärten war, begann Qianlong sich für die Prinzipien zu interessieren, auf denen ein Springbrunnen begründet war. Er bat den italienischen Maler, den Jesuiten Castiglione, ihm Erläuterungen zu geben und jemanden zu finden, der im-

im Garten des Langen Frühlings zu bauen. Die Realisierung verlief langwierig, in drei Etappen in den Jahren 1749 bis 1767. (6)

In diesem ungewöhnlichen Gartenwerk, von einer Mauer umgeben, waren außer dem Springbrunnen drei Paläste – Palast der Freude und der Harmonie, Palast des Labyrinths und Palast des Stillen Meeres. Die Bauten entstanden in einem besonderen Stil des italienischen Barocks mit chinesischen Elementen. (7) Der Garten wurde auf zwanzig Kupferstichen auf Wunsch von Qianlong erfaßt, der außerdem alle vierzig Szenerien des chinesischen Teiles des Yuan ming yuan von Tang Dai und Shen Yuan malen ließ.

Von Qianlongs großartigem Werk einschließlich der „europäischen Episode" blieben bis zum heutigen

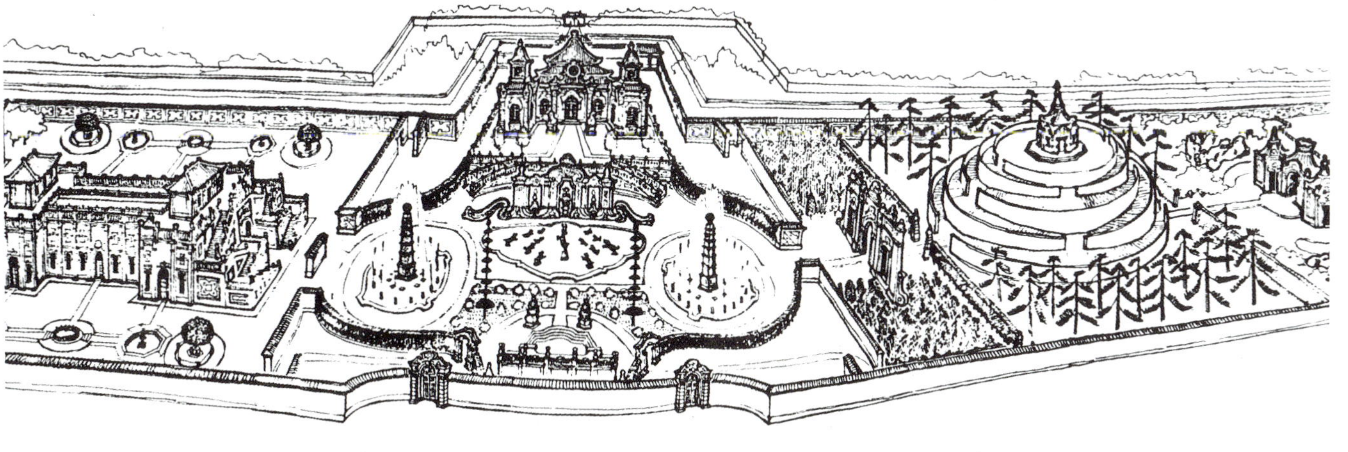

279 Ruinen des europäischen Teils des Gartens Yuan ming yuan.

280 Ruinen des europäischen Teils im Garten Yuan ming yuan. Zeitgenössische Zeichnung aus der Zeitschrift Yuan ming yuan, Nr. 2, Beijing 1983.

281 Garten Yuan ming yuan, Mittelteil der europäischen Gesamtheit, Kupferstich, Zeitschrift Yuan ming yuan, Nr. 2, S. 22, Beijing 1993.

282 Hauptklostergebäude in tibetischem Baustil im Kaisergarten in Chengde.

283 Die meisten Kaisergärten liegen an Seen. Auch in Chengde kann man verschiedene Arten von winterharten weißen Seerosen (Nymphaea alba) finden. Häufig sind es Nymphaea tetragona „Georgia" oder Nymphaea tetragona „Helvola", Seekanne (Nymphoides peltata) und Pfeilkraut (Sagittaria sagitifolia).

Tag nur tragische Ruinen, nachdem in einer kühlen Septembernacht im Jahr 1860 nach dem Opiumkrieg, in dem China durch die Westmächte besiegt wurde, fremde Truppen in den Yuan ming yuan eindrangen, den Garten plünderten und ausraubten. Drei Viertel der Gebäude wurden vernichtet, die Kunstsammlungen geplündert. Was die Soldaten nicht mitnahmen, entwendeten im herrschenden Chaos andere. Es wird erzählt, daß in den Straßen Beijings wertvolle Antiquitäten für einen lächerlichen Preis verkauft wurden. Auch kostbare Bücher wurden angeboten. Das Werk der Zerstörung wurde im Jahr 1900 beendet, als nach Unterdrückung des Boxeraufstandes erneut Soldaten von acht Westmächten hier eindrangen.

Heute befinden sich hier als Erinnerung an diese Begebenheiten mächtige Ruinen des europäischen und Fragmente des chinesischen Teiles dieses Gartens. (8)

Den heißen Sommer verbrachten die Herrscher der Qing-Dynastie in einer Sommerresidenz in einer Gegend, die ihnen die Heimat ihrer nomadisierenden Verwandten in Erinnerung brachte. Es war die Stadt Chengde (9) in der nordöstlichen Provinz Hebei, am Fuß des Schwalbenberges, ca. 250 km von Beijing entfernt. Hier gründete im Jahr 1703 der Kaiser Kangxi am Nordrand der Stadt einen Residenzgarten und nannte ihn die Bergzuflucht vor sommerlicher Hitze, Bi shu shan zhuang. Er blieb bis in die heutigen Tage erhalten. Auf einer Fläche von fünftausend Quadratkilometern entstanden 72 Szenerien. 36 davon sind das Werk von Kangxi und der Rest seines Enkels Qianlong. Die chinesische Architektur des Südens und auch des Nordens ist hier vermischt mit der Architektur der Mandschuren, Huei, Tibeter und Uiguren, Nationalitäten, die auf chinesischem Gebiet leben.

284 Gartenpavillon mit der Aussicht auf den See, Chengde.

285 Auf der Stirnseite der kaiserlichen Gartenvillen der Qing-Dynastie sieht man Aufschriften, nicht nur chinesisch, sondern auch mandschurisch.

Der Besuch dieses grandiosen Parks im Herbst, wenn sich die Bäume auf den benachbarten Berghängen gelb und rot färben, wird zu einem Erlebnis, so daß mancher vielleicht mit der Äußerung des Kaisers Kangxi, dieser Wohnsitz im Gebirge übertreffe durch seine Schönheit sogar den so bewunderten Westsee in Hangzhou, einverstanden sein wird. Kangxi widmete einer jeden der 36 Szenerien seines Gartens ein Gedicht.

Die Qings hielten sich hier alljährlich sechs Monate auf und übten da auch ihre Herrscherfunktionen aus. Ausländische Gäste wur-

286 Nanjing war jahrhundertelang ein bedeutsames Zentrum der Gartenkunst. Kaisergarten mit den Skulpturen der großen Tiere, Eingang ins Gartenareal – Begräbnisstätte der Mings, Nanjing.

den von ihnen mit blendenden Feuerwerken im Garten der Zehntausend Bäume, Wan shu yuan, empfangen. Einer der Gäste war im Jahre 1792 Lord Macartney, der erste englische Botschafter in China.

Der Kaiserpalast hatte keine zinnoberroten Mauern und gelb übergossenen Dachziegel, er wirkte jedoch freundlich durch die Einfachheit seiner Bauten. Seine Interrieure beherbergten Sammlungen unschätzbaren Wertes.

287 In Kaisergärten erscheinen oft Bronzeabbildungen von Tieren. Sie haben nicht nur eine symbolische Bedeutung, sondern erinnern auch daran, daß in den Anfängen der Gartenkunst in China die Gartennatur auch durch lebendige Tiere belebt wurde.

288 Weiße Dagoba über dem Lotossee, Beihai, Beijing.

Festen von ihren Hofmalern, zu denen auch europäische Missionare zählten, porträtieren. (10)

Der anziehendeste Teil des Parks ist eine Wasserfläche von 30 ha, die durch drei Inseln, Brücken und Dämme in acht Seen geteilt wird. Ähnlich wie im Yuan ming yuan, befindet sich auch hier der Pavillon des Literarischen Schmauses, Wen jin, mit einer großen Bibliothek, wo es eine Kopie der „Kompletten Bücherei der vier Arten" gab. (11) Doch auch auf diesen Ort fiel der

289 Garten am See Beihai, Beijing.

Den Park umringen wie ein bunter Kranz elf Tempel, die die Architekturen der chinesischen Minderheiten repräsentieren, deren harmonisches Zusammenleben mit den Han-Chinesen ein Teil der Politik der Qing-Dynastie war.

Freie Stunden verbrachten die Kaiser mit ihren Gefolgschaften in weiten Wildparks. Sie widmeten sich hier dem Reiten und Bogenschießen. Sie ließen sich bei diesen

290 Pavillon am See Beihai. Im Hintergrund eine „geliehene Szenerie", Weiße Dagoba, Beijing.

ten eine wichtige Rolle bei der Durchsetzung des Einflusses der chinesischen Gartenbaukunst auf europäische Gärten. Dazu trug auch mit bei, daß Kangxi den Maler Shun Yuho beauftragte, seine Gedichte, den Szenerien des Parks in Chengde gewidmet, zu illustrieren. Diese Vorlagen wurden dann in Holz geschnitten, und der Jesuit Matteo Ripa (1682 – 1746) gestaltete danach Kupferstiche und wurde so der erste, der den kaiserlichen Hof mit dieser Technik bekanntmachte. Ripa, dessen Drucke getreue Kopien chinesischer Vorlagen waren, gelang es, die Arbeit bis zu des Kaisers sechzigstem Geburtstag zu beenden. Die Bilder gelangten später nach Europa und trugen in England zur Idee eines englisch-chinesischen Gartens bei. (12)

Den Garten Yuan ming yuan beschrieb in einem seiner in die Heimat gerichteten Briefe auch der französische Jesuit Jean-Denis Attiret (1702 – 1768) (13), einer der Maler am Hof Qianlongs. Er rühmte die Einfachheit, die mit der schroff geometrischen Konzeption französischer Gärten kontrastierte. Sein umfangreicher Brief wurde gedruckt und in Europa, das ab Mitte des 17. Jahrhunderts von einer Bewunderungswelle für alles Chinesische ergriffen wurde, oft gelesen. Die chinesische Gartenarchitektur beeindruckte die Europäer eben durch die „Schönheit der

291 Garten am Tempel Wudai, Beijing.

292 Mauer der Neun Drachen, Beihai, Beijing.

Schatten der Tragödie, als hier im Jahr 1820 der Blitz den Kaiser Jianqing (1796 – 1820) tötete. Da man es als unheilvolles Zeichen ansah, mieden die Kaiser der Qing-Dynastie von da an diesen Ort.

Beide Kaisergärten, Yuan ming yuan und Bi shu shan zhuang, spiel-

293 Pavillon der durchsickernden Quelle. Studierzimmer des Stillen Ernstes und Lichtes aus dem Jahr 1757, umgeben von beiden Seiten mit Wasser und Steinen. Beihai, Beijing.

294 Die Schildkröte, das Symbol langen Lebens. Bronze, Gu gong, Beijing.

Unregelmäßigkeit", und sie entsprach besonders dem englischen Sinn für einen szenischen Garten. Der Einfluß der chinesischen Gartenkunst drang auch durch das Buch von William Temple, „Upon the Garden of Epicurus", nach England. Fast ein Jahrhundert später beschäftigte sich mit diesem Thema William Chambers in seiner „Dissertation on Oriental Gardening" (hrsg. i. J. 1772), in der er auf das hohe künstlerische Niveau der chinesischen Gärten hinwies und sie der Beachtung englischer Architekten empfahl. ([14]) Interesse

295 Marmorschiff im Sommerpalast, Yi he yuan, Beijing.

für chinesische Gärten äußerten auch Franzosen und Deutsche. In Frankreich wurden besonders Pavillons und andere Gartenbauten beliebt. In Deutschland kritisierte Hegel in seiner Ästhetik die chinesische Konzeption der Schönheit. ([15])

Während die Nachbildung der Pagoden, Pavillons und Gartenhäuser in Europa nicht allzulange anhielt, begegnet man dem chinesischen Einfluß auch heute noch in Gärten, und zwar beim Aufbau von Steingärten. Bereits während der ersten Welle des Interesses für chinesische Gärten kamen in Europa künstliche Berge zum Vorschein. Dieses neue Element, beschnitten um den philosophischen Sinn, wirkte in der neuen Umgebung fremdartig, bis die Menschen begannen, die Steine zu bepflanzen. So entstand das Genre der Steingärten, das sich in der ganzen Welt verbreitet hat und bis heute beliebt ist.

Der ursprüngliche kaiserliche, heute der öffentliche Park Beihai, Nordmeer, der sich über eine Fläche von mehr als 68 ha erstreckt, von denen über die Hälfte mit Wasser bedeckt sind, ist ein Garant dafür, daß Beijing, wie auch immer es zur Metropole heranwächst, niemals seinen altertümlichen Liebreiz verliert.

Beihai ist bereits seit dem 12. Jahrhundert eine Zierde dieser Stadt, die von sandträchtigen Winden aus der Wüste Gobi in regelmäßigen Intervallen mit einem gelben Schleier überzogen wird und wo das Grün nicht so üppig ist wie im Süden. Damals haben hier die Jurjenischen Jin nach der Niederlage des Song-Dynastie ihre Hauptstadt gegründet und den See, der sich hier erstreckte, machten sie zum Bestandteil ihres Sitzes. Der Prozeß der Sinisierung dieser Dynastie, der bereits früher begann, schritt schnell voran. Es ist also nicht verwunderlich, daß ihr vierter Kaiser Shizhou (1161 – 1190) auf der Insel der Jadeblüten, Qiong hua dao, eine Sommerresidenz, genannt Halle der Fernen Kühle, gebaut hat und in seinem Garten aus der nordsongischen Hauptstadt Bianliang, aus dem früheren Park des Kaisers Huizhong, Taihusteine herbeischaffen ließ.

Als dann im Jahr 1260 Kublaichan, der Enkel Dzingischans, die Regierung der vernichteten Stadt übernahm, ließ er sich eben hier nieder und machte die Jadeitinsel zum Bestandteil der neuen Hauptstadt Dadu. Es entstand hier ein imposanter Herrschersitz, erbaut nach traditionell chinesischen Grund-

296 Kunmingsee. Kaiserlicher Sommerpalast, Yi he yuan, Beijing.

297 Brücke mit Marmorbalustrade, Sommerpalast, Yi he yuan, Beijing.

lagen, jedoch mit Elementen ostentativen Prunks. Kublaichan ließ den schlammigen See ausheben, und mit dem gewonnenen Erdreich erweiterte er die Insel. Huizhongs elegante Steine ersetzte er durch grüne Lasursteine (lapis lazuli). Die gleiche Farbe hatte auch der Palast, den hier der Chan erbauen ließ.

Das alles verfiel jedoch mit dem Fall der mongolischen Dynastie. Herrscher der Ming-Dynastie wählten als erste Hauptstadt Nanjing. Erst als der Kaiser Yongle (1403 bis 1425) den Umzug von Nanjing nach Beijing entschied, erneuerte sich der Glanz dieses Ortes, der ihm die Sommerresidenz ersetzte. Der Kaiser ließ den See teilen, in die heutigen Seen Beihai und Nanhai.

Während die Ming-Herrscher beim Gartenbau sehr zurückhaltend und mit Finanzmitteln nicht verschwenderisch waren, gingen die Qing-Kaiser, wie man sich bereits überzeugen konnte, großzügig vor.

Im Jahr 1651 entschieden sie sich, die Halle der Fernen Kühle abzureißen, und bauten auf der Insel eine Dagoba zum Andenken an den ersten Besuch des Dalai-Lamas. Qianlong ließ sie ein Jahrhundert später umbauen, und eben in dieser Form wurde sie die dauerhafte Dominante der Stadt. Die westlichen und die nördlichen Ufer der Insel, die mit dem Festland durch zwei Brücken verbunden sind, zieren Pavillons, Gartenhäuser und überdachte Korridore. Obwohl es hier einige architektonische Denkwürdigkeiten aus früheren Zeiten gibt, stammen die meisten Gebäude aus der Zeit der Qing-Dynastie.

An dem Nordufer des Sees begegnet man, ebenso wie an anderen Stellen, den Spuren von Qianlongs Aktivitäten. Er baute hier zum achtzigsten Geburtstag seiner Mutter den Pavillon der Zehntausend Buddhas. Es ist ein dreistöckiger Bau, verkleidet mit gelben Fliesen mit 10 000 Nischen. In jeder Nische befand sich eine Buddha-Statue. Heute gibt es dort keine einzige mehr. Alle wurden im Jahr 1900 geraubt.

Zierde von Beihai ist die Wand der Neun Drachen, Jiu long bi. Sie stammt aus dem 15. Jahrhundert und sollte ursprünglich die Pagode schützen, die hier seinerzeit stand. Verschiedenfarbig glasierte Fliesen bilden auf jeder Seite das Bild von neun Drachen, die im Meer mit einem Ball spielen.

298 Eine hohe Steinbrücke mit einem Bogen, der sich im Wasser spiegelt und so einen Kreis bildet. Garten des Roten Bambus, Zizhu yuan, Beijing.

299 Die Balkenverzierung des Langen Korridors wird durch einige tausend Miniaturfarbbilder gestaltet. Sommerpalast, Yi he yuan, Beijing.

300 Blumenverkäuferinnen vor dem Eingang in einen öffentlichen Park.

Jedoch auch auf dem Beihai-Park liegt ein Schatten. Die hiesige Insel Yingtai diente der Kaiserwitwe Cixi dazu, dort im Jahr 1898 ihren Sohn, den rechtmäßigen Kaiser Guang Xu, den Vertreter politischer Reformen, die sie nicht befürwortete, von der Welt abzusondern. Ihr Sohn verließ niemals mehr dieses Gefängnis. ([16])

Heute können Bewohner Beijings in diesem großen Park viele Stunden mit Spaziergängen mitten durch Grün, durch welches das Rot der Pavillonsäulen und das Gelb der Dachziegel durchschimmert, verbringen. Sie spazieren entlang der Seeufer, die durch weiße Balustraden umsäumt sind, in überdachten Korridoren, die in munteren Farben leuchten, oder sie gondeln über den See, wo sie sich an der Schönheit des aufgeblühten Lotos erfreuen oder die Spiegelung der Drachenbrücken im Wasser beobachten können. Jede Jahreszeit hat hier ihre Reize, auch der Winter, wenn man auf der gefrorenen Seefläche Eislaufen kann und wenn die feine Schneedecke den alten Bäumen und den Gartenbauten einen märchenhaften Zauber verleiht.

Bis zum heutigen Tag fahren im zeitigen Frühling Menschen aus weiter Umgebung in den früheren kaiserlichen Garten der Kultivierung des Friedens, Yi he yuan, nordwestlich von Beijing, um hier die alten Magnolienbäume in der Blüte zu sehen.

Den Zauber dieses Ortes, durch das Westgebirge eingerahmt, verhüllt durch graublauen Nebel, mit einem See, der erquickende Aussicht bietet, schätzte bereits im 12. Jahrhundert der Kaiser der jurjenischen Jin-Dynastie und gründete hier den Palast der Goldenen Wasser, Jin shui yuan. Die Yuans erweiterten den See und nannten ihn den See des Hohen Berges. Sie errichteten hier die Pagode der Vollkommenen Ruhe, Yuan jing si, und nannten diesen Platz gemeinsam mit weiteren Bauten den Garten der Schönen Berge, Hao shan yuan.

Qin-Kaiser Qianlong erweiterte den See, der ursprünglich Manövern der kaiserlichen Flotte diente, und errichtete hier zu Ehren des sechzigsten Geburtstages seiner Mutter im Jahr 1750 den Garten der Klaren Wellen, Qing yi yuan, mit der Pagode des Langen Lebens und des Dankes für den Segen, Da baoen yanshou si, und weitere Gartenbauten. Der Garten wurde gemeinsam mit dem Garten Yuan ming yuan im Jahr 1860 Opfer französischer und englischer Armeen. Es verging jedoch kaum ein Vierteljahrhundert, und die Kaiserin Cixi erbaute ihn erneut zu Ehren des eigenen sechzigsten Geburtstages für Geld, das eigentlich dem Wiederaufbau der chinesischen Kriegsflotte dienen sollte. Als der Garten nach sieben Jahren fertig war, gab sie ihm den Namen Garten der Kultivierung des Friedens, Yi he yuan.

Wenn auch die Zeiten, als hier die dominante Cixi herrschte, unter den Menschen als Alter Buddha bekannt, lange vergangen sind, verlor der Garten nichts von seinem Zauber, den nicht einmal der Pomp einiger seiner Bauten trüben konnte. Die größte Anmut verleiht ihm das weite Gewässer des Kunming-Sees, benannt nach dem Himmlischen See, Tian chi, in Kunming in der Provinz Yunnan. Wie in einem Spiegel sieht man den mit Grün bedeckten Berg der Zehntausend Jahre, Wan shou shan, an dessen Hängen sich verstreut reizvolle Gartenbauten befinden.

301 Vergitterte Fenster in der inneren Gartenmauer. Löwenhain, Suzhou.

Den See teilt die Insel des Südmeeres, bekannt auch als Tempel des Drachenkönigs, und bringt ihn menschlichen Dimensionen näher. Mit dem Ufer verbindet sie eine gelbliche Steinbrücke, gewölbt wie ein Regenbogen, mit siebzehn graziöse Bogen.

Durch den Westteil des Sees zieht sich wie ein teilender Strich von Nord nach Süd ein Damm, der eine Nachahmung des Dammes aus der Zeit der Song-Dynastie ist und auf Anregung des Dichters Su Shi auf dem Westsee von Hangzhou gebaut wurde. Seine Ufer, bepflanzt mit Trauerweiden gemischt mit Pfirsichbäumen, bilden im Frühjahr poetische Illusionen südchinesischer Landschaft, die auf jedem Schritt mit auftauchenden Erinnerungen bedacht wird, meist dann, wenn man den Langen Korridor, 728 m lang, durchschreitet, der die Sohle des Berges des Langen Lebens mit dem Kunming-See verbindet. Seinen Dachstuhl zieren vierzehntausend Farbbilder aus dem Leben in der Stadt Suzhou, dann die rekonstruierte Suzhou-Gasse Am hinteren See, Houhu, mit Läden und Teehäusern, die an beiden Seiten des Kanals zu finden sind, gleich wie in Suzhou. Diese Gasse errichtete bereits Qianlong für seine Mutter, damit sie sich der Reize dieser berühmten Stadt erfreuen kann, ohne den langen und anstrengenden Weg dahin unternehmen zu müssen.

Eine der Denkwürdigkeiten des Gartens ist ein mächtiges Marmorschiff, „verankert" am Ufer. Es ist eine Verbindung chinesischer und westlicher Elemente und stammt aus der Zeit des Kaisers Qianlong.

Auch ein ganz kleiner Spatz
hat alle fünf Innereien.

Chinesische Redensart

Berührung des Alls

Der Maler und Kunsttheoretiker Zong Bing (375 bis 443) schrieb in seiner Abhandlung über die Landschaftsmalerei: „Ein vertikaler Pinselzug, nur drei Zoll lang, drückt eine Höhe von achttausend Fuß aus, und ein horizontaler Zug von nur wenigen Fuß beschreibt die Entfernung von Tausenden Meilen." Damit erläuterte er auch das Wesen der Szenerien in Schalen, shanshui penjing, als zutreffendes Beispiel des Bestrebens chinesischer bildender Künstler, „auf ganz geringfügigem Raum das Firmament, die Erde und alle Dinge zu erfassen... und so die unendliche Metamorphose der Welt, die pure Schönheit der Formen und der Landschaftszüge" darzustellen. ([1])

Es ist nur verwunderlich, aus welcher fernen Vergangenheit der Ursprung dieses chinesischen Genres herrührt, das im Verlauf von Jahrhunderten die umliegenden Länder beeinflußte und heute noch die ganze Welt erobert.

Aus historischen Quellen ist bekannt, daß es bereits in der Zeit der Han-Dynastie zur Gewohnheit wurde, die Natur in Miniaturen darzu-

303 Szenerie in Schale im Stil Blühender Baum am Stein, Pflaumenbaum. Holzschnitt, 18. Jh., San xi tang hua bao.

304 Versteinerter Wald in Kunming. Eine oft verwendete Vorlage für Gartenkompositionen aus Stein.

302 Szenerie in Schale, shanshui penjing, die eine Gebirgslandschaft darstellt, Suzhou.

305 Der Fluß Li in Guilin mit herrlichem Gebirgshintergrund wurde zum Modell für Gartenkompositionen.

306 Li Keran: Landschaft am Fluß Li, zeitgenössisches Gemälde.

stellen. Aus dem ersten Jahrhundert n. Chr. erhielten sich keramische Fliesen, auf denen Landschaften mit Bergen dargestellt sind, die an spätere Szenerien in Schalen erinnern. Es scheint, daß die Sage vom Zauberer Feng Jiafeng, der in dieser Zeit lebte und in einer Schale „Berge, Seen, Kähne und Gartenterrassen" errichten und in ihnen letztlich geheimnisvoll verschwinden konnte, auch eine der ersten Erwähnungen von Miniaturszenerien darstellt. Szenerien in Schalen, shanshui penjing, zusammengestellt aus Steinen, Wasser und Grün, sind ein fast zweitausend Jahre altes Genre. Sie waren stets ein Bindeglied zwischen Gartenkunst und Kunstmalerei und hörten niemals auf, zwischen diesen beiden Inspirationsquellen zu pendeln.

Im Unterschied zu der Landschaftsmalerei sind jedoch diese Miniaturkreationen in Schalen oder auf flachen Steinen mit realem Leben und Veränderlichkeit ausgestattet, nicht nur im Verlauf der Jahreszeiten, sondern auch in einzelnen Tagesphasen.

Wann dieses Genre wirklich entstand, weiß man nicht. Es gibt jedoch keinen Zweifel darüber, daß es direkt mit der Gartenkunst von dem Augenblick an zusammenhängt, als zur Gewohnheit wurde, in den Gärten außer dem Grün auch Steine und Wasser zu verwenden.

Szenerien in Schalen standen von allem Anfang an unter daoistischem Einfluß. Ihre Gestaltung konnte sich deshalb verhältnismäßig bald an den spezifischen Code anlehnen, der philosophische und esoterische

307 Berg in Schale. Holzschnitt, 17. Jahrhundert.

Gedanken des Daoismus und später des Chan-Buddhismus einbezieht.

Obwohl Belege über die Existenz von Schalenszenerien erst seit der Tang-Dynastie auf Grabfresken und auf einigen Rollenbildern gefunden wurden, kann man daraus entnehmen, daß sie als Fachgebiet bereits eine lange Entwicklung hinter sich hatten. Sie hatten auch ein verhältnismäßig hohes Niveau, sie teilten sich als Genre und drangen in die Nachbarstaaten, besonders nach Japan, vor. (2)

Die ersten bekannten Schalenszenerien in China nannte man penshan, Berge in Schalen. Sie wurden üblicherweise entweder durch einen großen oder durch einige kleinere rundliche Steine dargestellt, begleitet von Miniaturbäumchen oder Gras.

Man glaubte, daß diese Steine, die von einem der geheiligten Berge Chinas stammten, Träger von magischen Kräften sind. Als Talisman konnten sie deshalb ihre Inhaber vor bösen Einflüssen und Krankheiten schützen und ihnen das Leben verlängern. Man nahm an, daß der, der mit ihnen umzugehen versteht, nicht nur ein langes Leben, sondern auch die Unsterblichkeit erlangen kann. Einen Talisman in Form eines Steines in einer Schale, eingerahmt von einem Hain von Miniaturbäumchen, bekam die japanische Kaiserin Suiko im 7. Jahrhundert als Geschenk von einem der koreanischen Könige. Die Schale sollte ihrem kranken Sohn die Gesundheit zurückgeben. (3)

Penshans dieses Typs verschwanden niemals ganz aus dem Leben in China. (4) Auch in Japan sind sie unter anderen Bezeichnungen bis zum heutigen Tag beliebt. (5) In China wuchs die Nachfrage nach ihnen in der Zeit der Tang- und Song-Dynastie, als man sie mit dem Pilz der Unsterblichkeit, Polyporus lucidus, in Form kleiner Sträucher oder auch Bäumchen ergänzte. Getrocknet und gemahlen diente er als Lebenselixier. Zweifellos wurden eben deshalb penshans zu beliebten Diplomatengeschenken. Schrittweise ersetzte man Steine durch Halbedelsteine, man erstellte auch Nachahmungen aus Bronze, Porzellan und aus Holz. Diese nannte man künstlicher Berg, jiashan, ein Begriff, der auch in der heutigen Kunst der chinesischen Gärten seinen Platz hat.

308 Kleine Steinkomposition aus schwarzen Steinen. Kaisergarten Beijing.

309 Die Komposition aus vertikalen Steinen mit einem kleinen See im keramischen Gefäß ist der Ausdruck der klassischen chinesischen Vorstellung von shan shui – Gebirgs- und Wasserszenerien.

Ein weiteres Genre der Szenerien in Schalen waren Kompositionen aus hohen schlanken Steinen. Das entsprach der neuen Entwicklung der szenischen Gartenkunst, die sich in Südchina bereits zur Zeit der südlichen und nördlichen Dynastien zwischen dem 3. und 6. Jahrhundert entwickelte. Es waren schöpferisch anspruchsvolle, fast bildhauerische Darstellungen von Gebirgslandschaften in Schalen, die auch heute noch als Muster für Szenerien dienen.

Die Szenerien wurden auch bei bedeutenden Künstlern beliebt, wie z.B. bei dem Dichter Du Fu im 8. Jahrhundert. In einem seiner Gedichte, genannt „Der künstliche Berg", beschrieb er, wie man auf dem kleinen Raum einer Schale den tiefen Sinn der Berge ausdrükken kann und wie sich bei ihrem

Anblick der Geist in geheimnisvolle bis mystische Sphären begibt.

Auch der Dichter Bai Juyi schrieb einen Vers über ein Paar von Steinen, bestimmt für Szenerien in Schalen, und deutete an, wie diese Kreationen seine Phantasie anregen. In seinem Essay „Grashütte" schilderte er dann eine Miniaturszenerie, die einen See und Berge zieren, bezauberte den Song-Dichter und Ästheten Su Shi so, daß er Szenerien in Schalen für sich selbst herstellte und Verse über sie schrieb.

Aus der Zeit der Yuan-Dynastie erhielt sich die Überlieferung, daß der hochgestellte Mönch Weng Shanren kleine Szenerien bildete, die er „szenische Kleinigkeiten", xiezi jing, nannte. Den Ausdruck penjing, Szenerie in der Schale, verwendete in der Literatur erstmals in der Zeit der Ming-Dynastie (1368 – 1644) der Züchter Tu Long. (7) Aus dieser Zeit gibt es auch Nachweise, daß in reichen Familien Ausstellungen dieser Szenerien in Schalen, shanshui penjing, und auch der Miniatur-

310 Die Komposition aus vertikalen Steinen in Schale stellt Berge im See dar. Garten des Bescheidenen Politikers, Suzhou.

311 Gebirgsszenerie in Schale. Vorlage für landschaftsmalerische Kompositionen in Schalen.

darstellte, die er sich selbst schuf. Der chinesische Gelehrte Su Xun schrieb im 10. Jahrhundert eine Abhandlung, genannt „Bemerkungen über einen künstlichen Berg aus Holz". In seinem Geburtshaus in Emei erhielt sich bis in die jüngste Zeit ein Stück Schwemmholz in Form eines Gebirges. (6)

In der Volksphantasie unter Einfluß des Daoismus stellten Landschaften in Schalen mythologische Inseln der Unsterblichen, berühmt durch ungewöhnliche Schönheit der Natur, dar.

Die Vorstellung, daß in diesen szenisch anziehenden Orten anmutige unsterbliche Schönheiten spa-

312 Die Szenerie in Schale stellt eine südchinesische Landschaft dar, Guangzhou.

bäumchen in Schalen, penjing, veranstaltet wurden. [8] Wegen des hohen schöpferischen Niveaus wurden sie zu lebenden Doppelgängern der Landschaftsbilder auf Papier oder Seide. Mit ihnen verband sie das Thema, abgegrenzt durch den „Raum zwischen Himmel und Erde“, und eine durchgearbeitete Komposition. Nur die Ausdrucksformen waren andere. Ihrer Klärung widmete sich eine Reihe von Fachleuten, die sich besonders mit der Bedeutung der Steine befaßten. Der Dichter Du Wan schrieb die „Abhandlung über Steine aus Yulin“, Yulin shi pu, und bekräftigte, daß jeder Gärtner und Züchter der Schalenszenerien genau wissen sollte, von wo seine Steine stammen. Manche kann man ideal zur Darstellung von Vorgebirgen nutzen oder im Gegenteil für Bergspitzen, Berge in Seen oder am Meeresufer.

Ähnlich wie in der Gartenkunst waren wegen ihrer Bizarrerie poröse, durch Wasser abgeriebene Steine sehr beliebt, denen der Songsche Botaniker und Naturwissenschaftler Fan Chengda eine eigene Studie widmete, die „Erörterung über Steine aus dem See Taihu“. Die Steine bezauberten ihn durch ihre Mannigfaltigkeit, „ob abgerundet, schlank und spitz wie Schwerter, oder ob sie Gebirgsketten ähnelten, die sich wie eine spanische Wand schlägeln“.

Manchmal verwendete man für Schalenszenerien auch Tropfsteine. Sie waren Miniatur-Analogien zu manchen Berggipfeln in Südchina.

Wasser, dieses Symbol der Veränderlichkeit des Alls, haben die Schöpfer der shanshui penjing durch eine kleine Seewasserfläche oder durch eine Sandfläche mit Kieselstein ausgedrückt. Wenn sie die Vorstellung eines Bergflusses oder Wasserfalls wecken wollten, setzten sie in ihre Komposition schwarze Steine mit weißen Adern.

Das wirkliche Leben und den ununterbrochenen Rhythmus der natürlichen Veränderungen brachten Pflanzen in die Schalen der Züchter, in der Regel bereits als Bonsai vorgezüchtet, geeignet für Gebirgshänge, Seeufer oder Ebenen. Tu Long schrieb, daß die Kiefern am besten geeignet sind, die nicht das Maß von einem Fuß überschreiten. Die Neigung der Äste sollte so sein, wie sie der Tang-Maler Ma Yuan auf seinen Bildern festhielt. Man verwendete Nadelbäume wie Pinus thunbergii, Pinus taiwanensis, Juniperus chinensis u.a. Beliebt waren auch Laubbäume, besonders Prunus mume, Acer palmatum, Euonymus japonicus ‘Microphyllus’ u.a.

Die Komposition eines shanshui penjing entstand durch die einfache Regel, die bis heute gilt: „Zunächst wähle und verteile geeignete Steine, dann bereite den Raum für Wasser oder die Sandfläche und endlich pflanze in richtigen

313 Penjinggarten. Links eine Ajanfichte (Picea ajanensis), in der Mitte eine Mädchenkiefer (Pinus parviflora), rechts eine Thunbergkiefer (Pinus thunbergii). Shanghai.

Proportionen und nach feststehendem Thema das Grün." Auf gleiche Weise wie die Maler unterschieden auch die Schöpfer der Szenerien Ausblicke auf Berge. Vor allem war es der „Anblick aus der Nähe". Weiter waren es „Blick von unten nach oben", danach der „Blick über Berggipfel auf Berge hinter ihnen" und endlich „Blick auf entfernte Berggipfel" über Ebenen, See- oder Meeresflächen. Im Verlauf der Zeit bildeten sich ästhetische Regeln und auch die Terminologie aus.

Bei der Auswertung des Raumes der Schale war die Beziehung zwischen voll, shi, und leer, xu, wichtig. Die gefüllte Fläche der Schale wog die entsprechende leere Fläche auf. Außer ästhetischer Bedeutung hatte sie auch philosophischen Sinn, denn entsprechend den Anhängern des Chan-Buddhismus war sie bereit, einen neuen Inhalt aufzunehmen. Auch die chinesischen Landschaftsmaler wiederholten stets aufs Neue, daß nicht nur die durch Pinselstriche bedeckte Fläche ein Bild ist, sondern auch leere Stellen, auf denen es nichts gibt, ein Bestandteil des Bildes sind.

In einem alten chinesischen Buch über die Malerei wird gesagt: „Wenn Du einen Fisch malst, so wie er sein soll, schwimmt er im Wasser, ohne daß Du das Wasser gemalt hast." Das gilt auch für shanshui penjing. Die Realität, die den Raum füllt, sind darin meist die Berge, während die leeren Flächen das Wasser symbolisieren.

Bereits in der Tang-Dynastie benutzte man bei der Gestaltung der Schalenszenerien meist keramische Ergänzungen, Miniaturen von Hütten, Gestalten, Tieren, Vögeln, Brücken, Pagoden, Kähnen und Segelbooten. Diese Ergänzungen nannte man ren wu. In szenischen Kompositionen sollten sie die Anwesenheit des Menschen andeuten. Damals galt ebenso wie heute: Wenn in der Szenerie zu viel „Wasser" ist, kann man es dadurch auf das rechte Maß bringen, daß man es durch die „Realität" stört. Man stellt eine Ergänzung hin, ein kleines keramisches Segelboot. Wenn dagegen das „Gebirge" die Schale übermäßig füllt, bildet man einen Durchbruch, als wenn dort ein Wasserfall niederstürzen würde, und so macht man die Leere zum Bestandteil des gefüllten Raumes. Vom chinesischen Standpunkt haben nur Kreationen, in denen es eine ausgewogene Beziehung zwischen voll und leer gibt, Geist und Eleganz.

Den Eindruck einer Bewegung erreichte man in den Miniaturszenerien durch Wechsel von Dunkel und Licht, des Geraden mit Gekrümmtem, des Verborgenen mit dem Entblößten. Dabei war es notwendig, gefühlvoll alle Umstände entsprechend dem Grundsatz in Betracht zu ziehen, daß man bei der Lösung eines Problems nicht mit ihm allein beginnen sollte, sondern mit dem, was in seiner Umgebung liegt und dies beeinflussen

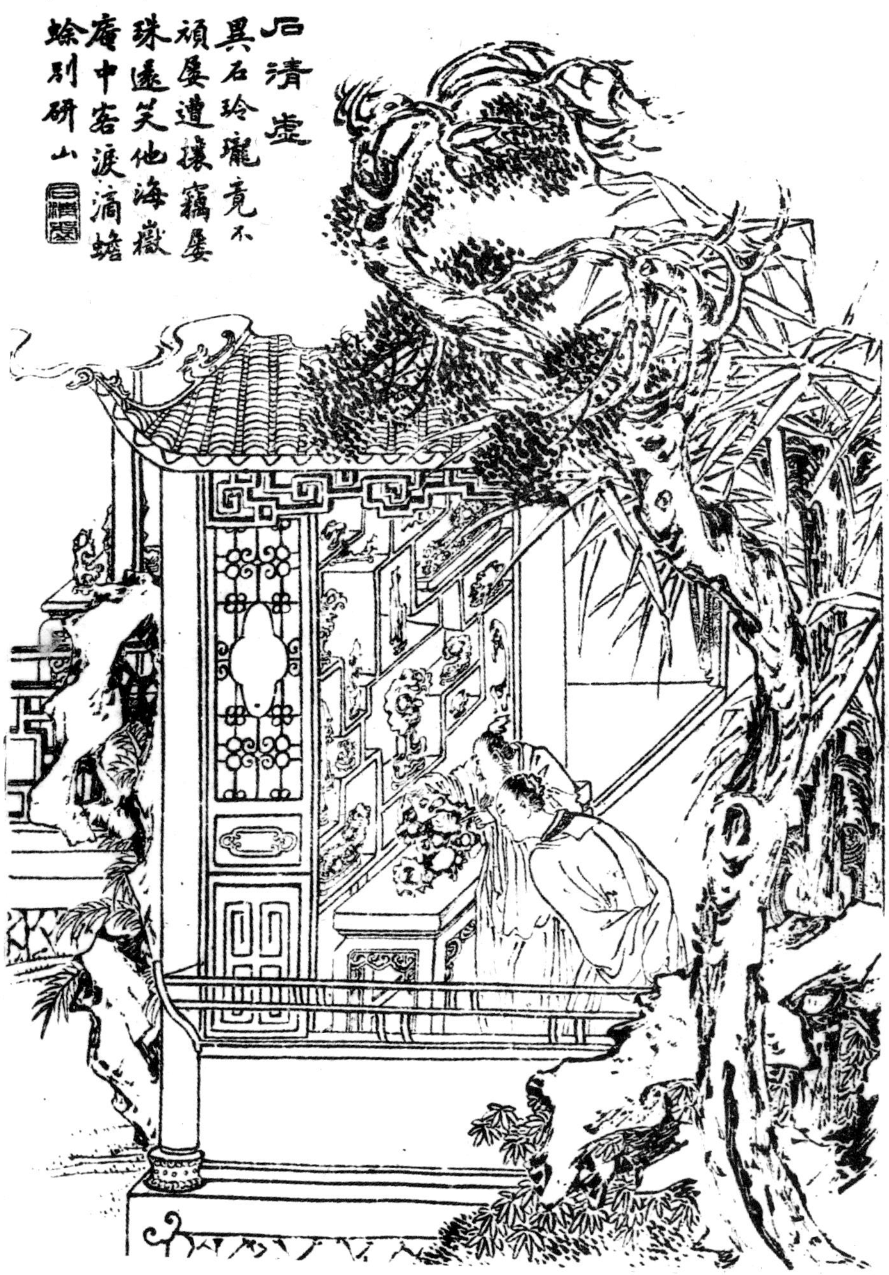

314 Im Haus eines Steinsammlers. Ein Motiv, das gut für die Szenerien in Schalen geeignet ist.

315 Miniaturbaum in Schale, penjing, Alter 55 Jahre, ein wesentliches Element der meisten chinesischen Gärten.

könnte. Die Chinesen drückten es mit folgenden Worten aus: „Wenn wir das verändern wollen, was rechts liegt, müssen wir mit dem beginnen, was links liegt, wollen wir das beeinflussen, was oben ist, müssen wir unten beginnen."

So wie für die Landschaftsmalerei galten auch für shanshui penjing „zwölf Krankheiten", von denen sie betroffen werden konnten. Es waren z.B. der überfüllte Raum, Kompositionen, die der Tiefe entbehren, Berge verarmt um die Atmosphäre der exakten Natur, Bäche und Flüsse, die nirgendwo quellen. Wer diese Unzulänglichkeiten umgehen konnte, hatte die Hoffnung, ein elegantes Werk zu vollbringen.

Es ist selbstverständlich, daß in einem so großen Land wie China unterschiedliche regionale Genres entstanden. Grundsätzlich ging es um Unterschiede zwischen Süd und Nord, die durch klimatische, geographische und historische Umstände bedingt waren. Es ist eine sehr breite, bisher nicht vollständig erforschte Sphäre, und man kann ihre Umrisse nur andeuten. Shanshui penjing in der „Region der Gärten" in der Provinz Jiangsu und in Shanghai sind vielfältiger und auch eleganter als woanders. Es überwiegt hier die Schule der Ausblicke auf Meer- und Seelandschaften, haipai. In der Provinz Hupei, in Anhui und in Hunan sind die Szenerien einfacher als in den Südprovinzen, wie z.B. Fujian oder Guangxi, die am Rand der subtropischen Zone liegen.

Wiederholtes Thema der shanshui penjing sind beide großen chinesischen Flüsse, Chang jiang und Huang he. In Sichuan, wo es eine große Auswahl von Steinen gibt, leben heute viele Züchter, die in der xianischen Penjing-Schule die Bildung von Wasserszenerien, die Steinkompositionen in Seen und an Ufern studiert haben. Die Schalenflächen sind hier mehr durch Berge gefüllt als sonst üblich. Auf Steinen werden Pflanzen gezüchtet, Kiefern, Zypressen, Bambus und verschiedene Gräser. Keramische Ergänzungen werden verhältnismäßig wenig verwendet.

In die Schalenszenerien werden meist vorgezüchtete und vorgeformte Bäumchen gepflanzt im jeweiligen örtlichen Stil, in Yangzhou ist es der Pagodenstil, in Anhui der Stil des Tanzenden Drachens und in Guangdong der Stil der Fünf Bäume.

Die shanshui penjing sind eine Zierde besonders für Gartenhöfe. Daß die Pflanzen auch den Halbschatten gut vertragen, sah bereits vor fast tausend Jahren der Dichter Su Shi, welcher bewunderte, wie gesund und reich sie wachsen. Der Professor Chen Congzhou ergänzt, daß gerade die Gartenhöfe und ihre erschwerten Bedingungen zur Beliebtheit der Miniaturpflanzen beitrugen. [9]

Heute sieht man immer häufiger „Gärten in Gärten", d.h. Sammlungen von shanshui penjing, geordnet als Verschönerungsecke in einem großen Gartenwerk, wie z.B. im Garten der Zehntausend Aussichten in Suzhou, wo es auch hundertjährige penjing's gibt.

Hier kann man sich vorstellen, warum gerade Miniaturgenres auch heute noch eine so große Bedeutung in der chinesischen Gartenkunst haben.

316 Überdachter Korridor im rustikalen Garten, San xi tang hua bao.

317 Steine und Wasser gehören zu den wichtigen Bestandteilen des chinesischen Gartenschaffens.

Bemerkungen

Im Buch wurde die internationale Transkription pinyin verwendet

Welt der Spiegelung

1. Wang Wei (698 – 759), Dichter und Maler.
2. Li Bai (701 – 762), Dichter.
3. Darüber, wie ein Garten am günstigsten angelegt werden sollte, entschied nach traditionellen Methoden der Geomantier shanshui xiansheng, der alle positiven und negativen Einflüsse in Betracht zog und sich durch die Astrologie leiten ließ.
4. Wasser, Feuer, Holz, Metall, Erde.
5. Su Shi / Su Dongpo (1036 – 1101), Dichter und Ästhet.
6. In einem der Nanjing-Gärten gibt es den Pavillon des Sieges im Spiel, wei qi. Er wurde in der Zeit der Ming-Dynastie zu Ehren dieses Spiels, das dem Schachspiel ähnelt, erbaut. Der erste Ming-Kaiser wurde hier durch seinen General Xu Da geschlagen. Nanjing Scenes, Nanjing 1988, S. 118 – 119.

Quellen der Erkenntnis

1. Vor der ersten, heute bereits historisch nachgewiesenen Xia-Dynastie (2200 – 1750 v. Chr.), gab es die bereits gereifte neolytische Gesellschaft.
2. Kwang-Chih Chang, Shang Civilization, New Haven and London 1980, S. 13.
3. The Works of Mencius, in The Four Books. Übersetzt von J. Legge, Shanghai 1930, S. 433.
4. Das Buch der Lieder, eins von fünf klassischen Büchern, enthält Gedichte aus der Zeit vom 11. bis 6. Jahrhundert v. Chr.
5. In diesem Zeitabschnitt, bekannt als Zeit der kämpfenden Staaten (475 bis 221 v. Chr.), wanderten die Philosophen und ihre Schüler von einem Königshof zum anderen und führten mit den Herrschern Diskussionen darüber, wie am besten zu regieren wäre.
6. Bai Juyi (772 – 846), einer der populärsten Dichter der Tang-Dynastie, Liebhaber der Natur und der Gärten.
7. Chu ci, siehe auch V. Hrdličková, Geschichte der chinesischen klassischen Literatur, S. 96 – 98
8. Die theoretischen Grundlagen für diese Schule legte Han Feizi (280 bis 233 v. Chr.).
9. Daoismus, philosophische Schule aus der Zeit der kämpfenden Staaten. Die Hauptrepräsentanten sind Lao Zi und Zhuang Zi.
10. Übersetzung siehe Burton Watson in C. Birch, Anthology of Chinese Literature. New York 1965, S. 164 bis 175.
11. Luoyang liegt im nördlichen Teil der Provinz Henan, in einer Gegend, die bereits im Neolithikum bewohnt war.
12. R. S. Johnston, Scholar Gardens of China, S. 12.
13. Lunyu, Buch XVII, Kap. IX, J. Legge, zit. Werk S. 261.

Mit dem Wind ziehen

1. Yi Jing, Buch der Wandlungen, ursprünglich ein Wahrsagerhandbuch, eines der fünf klassischen Bücher. Es enthält die Philosophie des Kosmos und die systhematische Auslegung des Seins. Der Beginn fällt anscheinend in das 18. Jahrhundert v. Chr.
2. Lao Zi: Dao de jing. Übersetzung von B. Krebsová, Prag 1971.
3. Zeit der Drei Königreiche (220 bis 277) und Zeit der Süd- und Norddynastien (420 – 589).
4. Jin Xuezhi, Zhong guo yuan lin mei xue, S. 16.
5. Eine der ältesten Städte in Zhejiang.
6. Wang Yi, Seeking out the Beauty of Orchid Pavilion. Vorbereitungsmaterial für die Konferenz „Coming to the Garden", Honolulu 1996.
7. E. V. Zawadskaja, Estetičeskije problemy živopisi starogo Kitaya, (Ästhetische Probleme der Malerei des alten China), S. 54.
8. Liu Ling, erste Hälfte des 3. Jahrhunderts, Daoist.
9. Nach des Dichters „Rückkehr" wurde das Hauptthema seiner Gedichte die intime Annäherung des Menschen zur Natur.
10. Tao Yuanming, Wu liu xiansheng zhuan, in 100 Chinese Classical Prose Writings in English and in Chinese, S. 401 – 404.
11. Die Vorstellung des stillen Abseits, die in dieser Zeit entstand, wurde zum dauerhaften Bestandteil der chinesischen Philosophie und des ästhetischen Denkens.

Mächtiger Strom

1. Da Xingcheng, „Stadt der großen Prosperität", lag nordöstlich vom Changan, Hauptstadt der Han-Dynastie, dem heutigen Xian im nördlichen Teil der Provinz Shanxi.
2. Vom Standpunkt der Gartengestaltung war es auch wichtig, daß sich

die Gärtner schon damals auf die Züchtung einzelner Pflanzenarten spezialisierten.
3. Nach dem Fall der Sui-Dynastie übernahm die Tang-Dynastie deren Hauptstadt und gab ihr ihren ursprünglichen Namen zurück. Luoyang war die zweite offizielle Hauptstadt der Tang-Dynastie.
4. Ming Huang / Xuanzong (847 bis 860).
5. Der Dichter schließt mit der Erwägung, daß der Preis für einige dunkelrote Blüten die Steuern von zehn Bauernhaushalten begleichen würde.
6. Dieses Zitat aus Li Yuans Brief ist in Han Yus Antwort an Li Yi aus dem Jahr 801 enthalten. Siehe: Wang Enbao, Wang Yuexi, 100 Chinese Classical Prose Writings in English and in Chinese S. 454 – 462.
7. Bekannt auch als Liu Liuzhou (773 bis 819).
8. Yongzhou baji, Übersetzung siehe Lin Yutang, The Importance of Understanding, S. 177.
9. Siehe: Poetry and Prose of the Tang and Song, S. 167.
10. The Thatched Pavilion of Matui Mountain, Prose and Poetry of the Tang and Song, S. 166.
11. Übersetzung siehe Lin Yutang, The Importance of Understanding, S. 180.
12. Ibid. S. 183.
13. Ibid. S. 183.
14. Zhou Weichuan, Zhong guo gu dian yuan lin shi, S. 81-82.
15. Ibid. 79-80. Mou ist ein chinesisches Flächenmaß. Die Größe war entsprechend den Provinzen veränderlich. Allgemein kann man sagen, daß 6,6 mou einem Acker gleicht.
16. Jiangnan, wörtlich:„Südlich des Langen Flusses", ist das Gebiet im Yangzi-Delta.
17. Wang Enbao, Wang Yuexi, 100 Chinese Classical Prose Writings in English and in Chinese, S.450–452.

Raum dichterischer Imagination

1. Lao Zi: Dao de jing.
2. Ibid.
3. Rolf Stein, Jardins en miniature d'Extreme-Orient, S. 40.
4. Ji Cheng: Yuan ye, chinesisches Original, S. 252, englische Übersetzung S. 121.
5. Autor Cao Xueqin (1715 – 1763).
6. Wang Anshi (1021 – 1086), Politiker und anerkannter Dichter. Nachdem er eine politische Niederlage erlitt, suchte er im Jahr 1076 Zuflucht in Nanjing, wo er im Garten lebte.
7. Zhung Jinan, S. 21.
8. Ibid. S. 22.
9. Shen Fu (1763 – 1808), Fu sheng liu ji, Sechs Aufzeichnungen über ein unstetes Lebens, Hanau, 1989, S. 72.
10. Zhung Jinan, S. 23.
11. Ji Cheng, zit. Werk, englische Übersetzung S. 119 – 121.
12. Chen Congzhou, On Chinese Gardens, S. 8.

Gärten der Literaten

1. Z.B. Kaiser Huizong (1101 – 1126).
2. Ren Xiaohong, Zhong guo yuan lin shi, S. 95.
3. Tschechische Übersetzung von J. Hejzlar: Fenomén pohybu v čínském obraze krajiny, (Bewegungsphänomen im chinesischen Landschaftsbild) in: O čínském výtvarném umění a vzdělanosti, (Über die chinesische bildende Kunst und Bildung), Prag 1994, S. 66.
4. Mencius (372 – 288 v. Chr.), Buch VI, Teil 1, Zit. Werk, englische Übersetzung J. Legge, S. 703.
5. Suzhou yuanlin, zusammengestellt durch das Gartenbüro von Suzhou, S. 37.
6. Sima Guang war der größte Gegner Wang Anshis.
7. Ji Cheng, zit. Werk, S. 123 – 124.
8. Jin Xuezhi, zit. Werk, 39.
9. J. Needham, Science and Civilisation in China, vol.VI:1, S. 420.
10. Lin Yutang, 1948, S. 16 – 17.

Kunst der Amateure und der Professionellen

1. Zhou Weiquan, S. 166.
2. Ibid. S. 169.
3. Kate Kerby, An Old Chinese Garden. Shanghai 1922.
4. Jan Stuart, Ming dynasty gardens reconstructed in words and images, Journal of Garden History, S. 164.
5. Peng Yigang, Rationalism and Emotionalism, A Comparative Research of Aesthetics in Chinese and Western Gardens, The Universal Garden, Proceedings S. 220.
6. Jinling yuan ji.
7. Diese Stadt existierte bereits in der Han-Dynastie. Auch Marco Polo erwähnt sie in seinem Milione. Im 13. Jh. war er Gouverneur von Yangzhou.
8. Yangzhou hua fang lu.
9. R. S. Johnston, zit. Werk, S. 192.
10. Zdeněk Hrdlička, Věnceslava Hrdličková, The Art of Japanese Gardening, S. 23 – 24.
11. Ji Cheng, zit. Werk, englische Ausgabe, S. 9.
12. Jin Xuezhi, zit. Werk, S. 67.
13. Lu Yu, Xiang qing ou ji, bekannt auch als „Meine eigene Lehre", Yija yan.
14. Im Garten Pan mou yuan Plazierte er seine Gesteinssammlung.
15. Jan Stuart, S. 164.

Ordnung in der Vielfalt

1. Aus dem Essay „Pavillon des alten Trinkers", Zui wen ting.
2. Ji Cheng, zit. Werk, englische Übersetzung S. 65.
3. R. S. Johnston, zit. Werk, S. 63.
4. Shen Fu, deutsche Übersetzung, S. 29.
5. Ji Cheng, zit. Werk, englische Übersetzung S. 67.
6. Der Garten hat auch eine Bambussammlung.
7. R. S. Johnston, zit. Werk, S. 308.
8. Dieses Gebäude ist eine Kombination chinesischer und westlicher Elemente.
9. Yang Hongxun, S. 123.
10. Der Garten lag auf dem Hügel Cangshan. Nach des Dichters Tod betreuten ihn seine Söhne aus Ehrfurcht zum Vater ganze dreißig Jahre lang.
11. Feng Zhongping, S. 307.
12. L. Hájek, Princip spirály a diagonály v ornamentice a na obrazech, (Das Prinzip der Spirale und Diagonale in der Ornamentik und auf dem Bild), in: Kulturní tradice Dálného východu, (Kulturtraditionen des Fernen Ostens), Prag 1980, S. 253.
13. Ji Cheng, zit. Werk, englische Übersetzung, S. 100.

Inspiration der Kaiser

1. Die Mandschuren besiegten im Jahr 1644 die Ming-Dynastie und gründeten die Qing-Dynastie, die bis 1911 herrschte, bis die Republik gegründet wurde. Es war die letzte Kaiser-Dynastie in der Geschichte Chinas.
2. Europa und die Kaiser von China, S. 123.

3. Yuan ming yuan erstreckte sich über eine Fläche von 350 ha.
4. Die Sammlung entstand auf Grund von Qianlongs Kaiserdekret aus dem Jahr 1772.
5. Europa und die Kaiser von China, S. 123.
6. Ibid. S. 263.
7. Ibid. S. 124.
8. Siehe Wang Jingzhi, Zhang Dexiang, Yuang ming yuan chuan jing tu. In China entstand im Jahr 1980 die Gesellschaft Yuan ming yuan, deren Ziel es ist, den chinesischen Teil des Gartens des Langen Frühlings neu aufzubauen.
9. Im Ausland bekannt als Jehol nach dem Heißen Fluß Rehe, der dort fließt.
10. Bi shu shan zhuang, S. 8 – 9.
11. Es existierten acht Manuskriptkopien dieser monumentalen Sammlung und jede wurde aus Sicherheitsgründen an einer anderen Stelle aufbewahrt. Eine dieser Stellen war eben der Kaisergarten in Chengde.
12. Europa und die Kaiser von China, S. 66.
13. Ibid. S. 263.
14. Yang Hongxun, S. 117.
15. Yang Hongxun, S. 125.
16. M. Keswick, S. 60.

Berührung des Alls

1. Zong Bing, Malergespräche des Mönchs Gurke, Ku hua hoshang hua yu lu. Übersetzung O. Král, Prag 1978.
2. Waren unter verschiedenen Bezeichnungen bekannt, bonsan, kazan, bonkei.
3. Rolf Stein, zit. Werk S. 35.
4. Auch wir bekamen in den fünfziger Jahren für unseren Garten einen mächtigen Stein in der Schale.
5. Suiseki, Wassersteine, oder bonseki, Komposition aus Steinen.
6. Der Text des Essays von Su Xun ist auf einer Platte geschrieben und auf der Wand seines Hauses angebracht. Es ist ein bewundernswerter Beleg des frühen Interesses der Chinesen für Miniaturformen der Gartenkunst.
7. Tu Long, Kao pan yu shi in Zhung Jinan, Tu jie shanshui penjing. Anhuei 1994, S. 4. Tu Long (1542 bis 1605) Dichter, Prosaiker und Dramatiker. Nach dem Verlust des Beamtentums lebte er in den Bergen, widmete sich der Beobachtung der Natur, züchtete Bonsaibäumchen und schuf Szenerien in Schalen.
8. Wu Yee-sun, Man lung Artistic Pot Plants, Hongkong 1969, S. 39.
9. Chen Congzhou, zit. Werk S. 26.

Literatur

318 Haus in nebliger Landschaft, Tusche-Tafel, Shi Gufeng.

Ayscough, Florence, The Chinese Idea of Garden in a Chinese Mirror. London 1925.

Bi shu shan zhuang, Beijing s.d.

Berger, Friedemann, Die Milchstraße am Himmel und der Kanal auf Erden. Beijing, Leipzig und Weimar 1988.

Bush, Susanne, The Chinese Literati on Painting. Cambridge, Mass 1971.

Chamber, Sir William, Dissertation on Oriental Gardening. London 1772.

Chang, Kwang-Chih, Shang Civilization. New Haven und London 1980.

Chang, Yinming, Suzhou yuan lin. Suzhou 1991.

Chen, Congzhou, On Chinese Gardens. 4. Ausg. Shanghai 1988.

Chen, Congzhou, Suzhou Wang Shi Yuan, The Garden of the Master of Fishing Nets. Princeton University 1962.

Feng, Zhongping, Zhong guo yuan lin jian zhu. Beijing 1988.

Fenchtwang, Stephen,D.R., An Antropological Analysis of Chinese Geomancy. Vientiane 1974.

Europa und die Kaiser von China. Berlin 1989.

Guo, Qunlun, Qing dai yuan lin tu lu. Shanghai 1993.

Hayakawa, Masao, The Garden Art of Japan. Tokyo 1973.

Hrdlička, Zdeněk and Hrdličková, Vĕnceslava The Art of Japanese Gardening, London 1989.

Hrdlička, V. und Z., Ikebana, Bonsai, Landschaften in Schalen. Hanau 1991.

Hrdlička, V. und Z., Löwenhain (The Lion Garden). Magazin Bonsai Nr. 1. Prag 1994.

Hrdlička, V. und Z., The Entrance to the World of Harmony. Magazin Bonsai Nr.1. Prag 1993.

Inn, Henry, Chinese Houses and Gardens. Honolulu 1940.

Ji, Cheng, The Craft of Gardens. Übersetzung von Alison Hardie. Yale 1988.

Ji, Cheng, Yuan ye zhu shi. Beijing 1988.

Jiangsu yuan lin ming sheng. Durch

319 Ornamente auf den Dachstühlen der Korridore und Pavillons.

den Verein der Architekten der Provinz Jiangsu zusammengestellt, 1982.

Jin, Xuezhi, Zhong guo yuan lin mei xue. Nanjing 1990.

Johnston, Steward R., Scholar Gardens of China. Cambridge 1991.

Kerby, Kate, An Old Chinese Garden. Shanghai 1922.

Keswick, Maggie, The Chinese Garden. London 1978.

Lin Yutang, My Country and My People. London, Toronto 1936.

Lin Yutang, The Gay Genius. London 1948.

Lin Yutang, The Importance of Understanding. Cleveland und New York 1960.

Li, Yu / Li li-weng, Li Yu quan ji. Taipei 1970

Li, Yu, Verleger, Jie zi yuan hua zhuan, 1679.

Li, H.L., The Garden Flowers of China. New York 1959.

Ma, Wenqi, Pen jing zhi zhuo yu yang hu. Beijing 1993.

Melone, Carroll Brown, History of the Peking Summer Palaces under the Chi'ng Dynasty. Urbana 1934.

Morris, Erwin T., The Gardens of China, Art, Architecture, and Meanings. New York 1984.

Murck, Alfreda, Wen Fong, A Chinese Garden Court. New York 1980.

Needham, Joseph, Science and Civilisation in China. Vol. VI. Cambridge 1986.

Palastmuseum Peking, Schätze aus der Verbotenen Stadt. Berlin 1985.

Poetry and Prose of the Tang and Song. Translated by Yang Xianyi and Gladys Yang.Beijing 1983.

Qiao Yun, Alte chinesische Gartenkunst, übersetzt von Thomas Thilo, Leipzig 1986

Ren, Changwen, Meng, Yanan, Zhong guo yuan lin shi. Beijing 1993. Bi shu shan zhuang. Beijing s.d.

Ren, Xiaohong, Chan yu zhong guo yuan lin. Beijing 1994.

Schafer, Edward H., The Golden Peaches of Samarkand. Berkeley und Los Angeles 1963. Tu Wans Stone Catalogue of Cloudy Forest. Berkeley 1961.

Shanghai Longhus Miniature Gardening. Shanghai 1986.

Shen, Fu, Fu-sheng liu-chi. Taipei 1963.

Shen, Fu, Sechs Aufzeichnungen über ein unstetes Leben. Übersetzung von Reiner Schwarz. Hanau 1989.

Shi, Tao, Brilliant Autumn in Huaiyang, Chinese Literature, Winter. Beijing 1989.

Siren, Oswald, Gardens of China. New York 1949.

Siren, Oswald, The Chinese on the Art of Painting. New York 1963.

Slawson, David A., Secret Teachings in the Art of Japanese Gardens. Tokyo 1941.

Stein, Rolf, Jardins en miniature d'Extreme-Orient. Bulletin d'école française d'Extreme Orient, 1943, pp. 1 bis 104.

Stuart, Jan, Ming dynasty gardens reconstructed in words and images. Journal of Garden History, Vol. 10. Nr. 3. Washington 1990, S. 162 bis 172.

Sze, Mai-mai, The Mustard Seed Garden, Manual of Painting. Princeton 1977.

Sze, Mai-mai, The Way of Chinese Painting. New York 1959.

Suzhou yuan lin. Zusammengefaßt vom Büro für Suzhou-Gärten, Shanghai 1991.

Thilo, Thomas, Klassische chinesi-sche Baukunst. Leipzig 1977.

Titley, Norah, Wood Frances Oriental Gardens. London 1991.

T'ung Chu-in, Chinese Gardens especially in Kiangsu and Chekiang, Tien Hsia Monthly, III, 3. October 1963.

Universal Garden, The Proccedings. 1 st. Session, International Conference. Shanghai – Suzhou 1994.

Wang, Enbao, Wang, Yuexi, Ku wen bai bien ying yi, 100 Chinese Classical Prose Writings in English and in Chinese. Peking 1990.

Wang, Jingzhi, Zhang, Dexiang, Yuan ming yuan quan jing tu. Zhang, Diang, Liaoning 1990.

Wang, Yi, Yuan lin yu zhong guo wen xue. Shanghai 1990.

Wang, Zhiying, Hai pai, pen jing, zao xing. Shanghai 1985.

Wiliams, C.S.S., Outlines of Chinese Symbolism and Art Motives. New York 1976.

Willets, William, Das Buch der Chinesischen Kunst. Leipzig 1968.

Wu, Yee-sun, Man Lung Artistic Pot Plants. Hong Kong 1969.

Xu, Fengtong, Yi he yuan qu wen. Beijing 1992.

Yang, Hongxun, The Classical Gardens of China. New York, Melbourne 1982.

Yuan Ming Yuan, Volume 3. Beijing 1984.

Zawadskaja, E. V., Estetičeskije problemy živopisi starogo Kitaja, (Ästhetische Probleme der Malerei des alten China). Moskva 1975.

Zhao, Chunlin, Yuan lin mei xue gai lun. Beijing 1992.

Zhong, Jinan, Tu jie shan shui pen jing zhi zuo. Anhui 1994.

Zhou, Weichuan, Zhong guo gu jian yuan lin shi. Beijing 1993.

Zhu, Youjie, Parks of Nanjing. In Nanjing Scenes, Nanjing 1988, S. 107 bis 117.

320 Qi Baishi: Der Sammler des Glücks und des Reichtums. Zeitgenössische Zeichnung, 1948.

REGISTER

Die kursiven Seitenzahlen verweisen auf die Bildunterschriften